갈매나무의 시인

백석

차례
Contents

백석과의 만남

한국시가 낳은 가장 아름다운 시

필자가 백석을 처음 만난 것은 1973년 가을이었다. 그때 나는 여러 가지 책을 닥치는 대로 읽던 대학교 1학년생이었다. 종로에 있는 서점에서 김윤식, 김현 두 분이 공저한 『한국문학사』를 구입해 며칠을 두고 읽기도 했다. 그런데 1930년대 시인을 설명하는 대목에서 낯선 시인의 이름이 등장했다. '백석'이라는 이름이었다. 윤동주, 이병기, 김영랑, 김광균, 정지용 등 친숙한 시인들과 대등한 자리에 놓인 그 시인의 이름을 필자는 거기서 처음 보았다. 한국 근대시에 대해서는 어느 정도 알고 있다고 생각했던 필자는 적지 않게 당황스러웠다. 평론가 김현은 백석에 대해 꽤 많은 분량을 들여 설명하면서 '남신의주 유동 박시봉방(南新義州 柳洞 朴時逢方)'의 전문을 인용하고 '한국시가 낳은 가장 아름다운 시의 하나'라는 수식을 달았다. 사실 백석이라는 이름뿐만 아니라 '남신의주 유동 박시봉방'이라는 시의 제목도 무척 생소했다.

'한국시가 낳은 가장 아름다운 시'라는 말은 필자에게 큰 충격을 주었다. 『한국문학사』라는 책 전체를 통해 그런 찬사를 받은 작품은 이 시밖에 없었다. 그러한 평가를 받은 시인의 이름을 왜 필자는 처음 듣는 것인가? 대학원에 다니는 선배를 통해 백석이 평안북도 정주 출신으로 월남하지 않고 북쪽에서 작품활동을 한 시인이라는 사실을 알았다. 6·25전쟁 중에 행방불명이 된 정지용이나 김기림과는 다른 유형의 시인인 것이다. 매우 아름다운 시를 남긴 시인인데 분단 상황 때문에 이름조차 모르고 지내왔다는 사실이 안타깝게 느껴졌다. 그의 시 '남신의주 유동 박시봉방'을 다시 소리 내어 읽어 보았다. '어두워 오는데 하이야니 눈을 맞을, 그 마른 잎새에는 / 쌀랑쌀랑 소리도 나며 눈을 맞을 / 그 드물다는 굳고 정한 갈매나무라는 나무를 생각하는 것이었다.'라는 마지막 시행이 가슴을 때렸다.

『문장』과 『사슴』

백석의 이름과 시를 기억 속에 접어두고, 필자는 또 시간이 흘러가는 대로 정해진 생활을 했다. 대학원에 입학해 현대시를 공부하면서도 백석의 시를 다시 읽어볼 기회는 좀처럼 오지 않았다. 당시 대학원의 현대시 강의는 되도록 월북 및 재북 시인은 피해 진행되었다. 1979년 석사논문으로 정지용을 택했을 때도 말리는 동료들이 적지 않았다. '월북 시인'으로 알려진 인물을 다루었다가 나중에 문제가 생기면 곤란하지 않겠느냐는 우려였다. 하지만 지도교수이신 정한모 선생님께서 한 번 해보라며 격려를 해주셨다.

정지용은 1935년 10월 『정지용 시집』을 내면서 당대 일급 시인으로 자리를 잡았고, 1939년 2월 창간된 「문장」지의 신인 추천을 맡음으로써 후진에게 강한 영향력을 행사했다. 정지용이 관여한 「문장」지의 성격을 알기 위해 거기 발표된 시를 검토하다가 다시 백석의 시를 만나게 되었다. 백석은 「문장」지에 전부 9편의 시를 발표했는데, 그 9편의 시가 모두 무게 있고 의미 있는 작품들이었다. 그는 「문장」뿐만 아니라 「인문평론」에도 3편의 시를 발표하고, 「조선일보」와 「조광」에 전부 6편의 시를 발표해 1939년부터 한글 사용이 전면 통제된 1941년 4월까지 당시 어느 시인보다도 많은 18편의 작품을 발표했다.

석사논문을 쓸 무렵 이화여자대학교 국어국문학과에서 이어령 교수가 주동이 되어 한국 근대의 중요 시집을 영인(影印)해 내는 작업을 했다. 거기 백석의 『사슴』도 들어 있었다. 필자는 그 시집을 구해 처음부터 끝까지 탐독했다. '말끝에 섧게 눈물을 짤 때가 많은 큰골 고모 고모의 딸 홍녀(洪女) 아들 홍동이 작은 홍동이'로 이어지는 '여우난골족'의 아기자기한 시행들은 거의 외우기까지 했다. 그의 시를 다시 읽으며 다른 어느 시인에게서도 느낄 수 없는 강한 개성에 매료되었다. 백석의 시는 정지용의 시와는 다른 질감과 의식을 지니고 있었다. 1920년대 한국시의 두 기둥이 김소월과 한용운이라면, 1930년대 한국시단의 빛나는 별은 정지용과 백석이라고 생각했다. 정지용이 서구적 감각에서 출발해 동양적 여백의 세계로 접어든 데 비해 백석은 방언을 기반으로 한 토속적 세계에서 출발해 인간의 마음과 문화의 심층에 도달하려는 노력을 보여주었다. 필자는 이 두 시인의 고향 의식을 비교하는 짧은 글을 써서 석사논문에 집어넣었다.

낯설고도 친숙한 시인

백석의 시에는 평안도 방언이 많이 등장한다. 평안도 어투에 생소한 사람은 백석의 시를 읽는 일이 쉽지 않을 것이다. 다행히 필자의 경우에는 이로운 점이 있었다. 어머니가 강원도 양구에서 성장하셨지만, 본가가 평안도에서 이주해 왔기 때문에 어머니도 평안도 말씨를 많이 사용하셨고 이북의 풍속도 많이 간직하고 계셨다. 어릴 때는 어머니의 그런 말투와 거동을 촌스럽다고 여겼지만 백석의 시를 읽으며 어릴 때 어머니에게 들은 그 말씨와 풍속이 오롯이 살아나는 것을 느꼈다. 그래서 백석의 시에 더 친근감을 느꼈는지도 모른다. 1991년 어머니가 돌아가시면서 백석의 시는 어머니의 어감을 전해주는 더욱 친숙한 대상으로 다가왔다.

백석에 대한 단독 논문을 발표한 것은 석사논문을 쓰고 3년이 지난 1983년이었다. 그때만 해도 백석의 작품이 해금되기 전이라 백석의 이름을 바로 내세우는 것이 불안했다. 그래서 논문의 제목을 「백석 시 연구」라고 하지 못하고 「1930년대 후반기 시의 한 고찰」이라는 어설픈 제목으로 논문을 발표했다. 나중에 단행본에 수록하면서 제목을 다시 「풍속의 시화와 눌변의 미학」으로 바꾸었다. 백석 시의 특징을 제목으로 내세운 것이다. 산골 마을의 풍속을 시로 표현했다는 말은 여러 사람이 했지만 '눌변(訥辯)의 미학'이라는 말은 내가 처음 한 것이다. 이는 백석의 시가 세련된 도시 감각을 의도적으로 배제하고 향촌의 투박한 어투를 되살려낸 특징을 압축해서 지칭한 말이다. 처음에는 어색한 명명이라고 생각했는데 시간이 지나면서 많은 사람들이 관심을 가져 주어 지금은 백석 시의 특징을 일컫는 유용한 수식어가 되었다.

2012년은 1912년생인 백석의 탄생 100주년이 되는 해여서 백석에 대한 기념행사가 여러 곳에서 열렸다. 덕분에 필자도 몇 군데 학회에서 기조 발표를 했고, 백석 특집 방송에도 나가 이야기를 나누었다. 현재 백석은 대학원 학생들이 가장 많이 연구하는 시인이자 현역 시인들이 가장 좋아하는 시인으로 첫 손가락에 꼽힌다. 30년 전 조심스럽게 백석론을 쓸 때와는 너무 달라진 분위기 때문에 세월의 변화를 절감하게 된다. 세상을 살다 보면 우연이 필연이 되는 경우를 많이 경험하는데, 백석의 경우도 그렇다. 40년 전 철없던 시절 문득 마주친 백석이라는 낯선 이름. 이후 연이어 맺어진 백석과의 인연이 백석에 대한 책을 여러 권 내게 하고, 다시 또 하나의 책을 쓰는 계기가 되었다. 백석과의 인연이 앞으로 또 어떻게 전개될지 아무도 모른다. 다만 그의 시에 담긴 북방 언어와 북방 정서가 분단 상황에서도 계속 남쪽의 독자들에게 공감을 주어 남북이 하나 되어 살던 지난 시대의 기억을 이어주는 중요한 고리가 되기를 바라는 마음 간절하다.

시인의 생애

굴곡이 많은 삶

백석의 본명은 백기행(白夔行)이다. 학적부와 공식 문서에는 백기행이라는 이름이 적혀 있지만, 모든 문필 활동은 백석(白石)이라는 이름으로 했다. 그는 1912년 음력 7월 1일 평안북도 정주에서 장남으로 태어났다. 그의 시 '넘언집 범 같은 노큰마니'에 의하면, 모친은 서울에서 시집을 왔으며 백석을 잉태할 때 커다란 범이 선산에 들어오는 태몽을 꾸었다고 한다.

백석은 1918년 정주에 있는 오산소학교에 입학했고, 1929년에 오산고등보통학교를 졸업했다. 경제 사정 때문에 상급학교에 바로 진학하지 못하고 고향에 남아 있다가 이듬해인 1930

청산학원 재학 당시 백석

년 1월 「조선일보」 신년현상문예에 소설 『그 모(母)와 아들』이 1등으로 당선되고, 이것이 계기가 되어 정주 출신의 부호 방응모의 장학금 지원을 받아 그해 4월 동경 아오야마 가쿠인(靑山學院) 영어사범과에 입학했다. 1934년 3월 청산학원을 졸업하고 귀국해 방응모가 인수한 「조선일보」의 교정부 기자로 근무했다. 틈틈이 산문을 번역했고, 1935년 짧은 소설을 두 편 발표하기도 하다가 그해 8월 30일자 「조선일보」에 시 '정주성'을 발표해 시인으로의 전환을 꾀했다. 그 다음 해인 1936년 1월 20일 시집 『사슴』을 간행했다.

백석은 1936년 3월 「조선일보」 기자를 사직하고 4월에 함흥에 있는 영생고등보통학교의 영어 교사로 부임했다. 서울을 떠난 후 1년 7개월 동안 시를 발표하지 않다가 1937년 10월부터 다시 시를 발표했다. 1937년 5월경 백석은 '김자야'라는 기생을 만나 연정을 느끼고 교제를 시작했는데, 기생 신분인 김자야가 백석의 장래를 위해 1938년 3월 서울로 이주하자 그해 12월 백석은 영생고보를 사임하고 서울로 와 김자야를 다시 만났다. 그리고 1939년 1월 26일자로 조선일보사 출판부에 재입사했다.

김자야의 회고에 의하면, 백석은 1937년 겨울방학에 한 번, 1938년 12월에 한 번, 전부 두 차례의 혼례를 치른 것으로 되어 있다. 가족의 강권에 의한 결혼이었으나 백석은 번번이 혼례만 치르고 김자야에게 돌아왔다고 한다. 그렇다고 기생과 결혼할 수도 없었던 백석은 갈등과 번민을 계속하다 1939년 10월 21일에 조선일보사에 사표를 내고 평안도와 함경도 지역을 여행했으며, 1940년 1월 모든 것을 털고 만주의 신경(지금의 창춘)으로 떠났다. 이후 만주국 국무원 경제부에서 얼마동안 근무하고 나중에 다시 안동(지금의 단둥)으로 옮겨 세관에 근무했다고 한다.

만주와 고향을 오가며 생활하던 백석은 해방이 될 때 평양에 있었다. 오산학교 교장을 지낸 조만식 선생이 건국준비위원장으로 활동을 시작하자 영어와 러시아어를 잘 하는 백석은 그를 도와 통역관으로 활동했다. 북조선노동당이 실권을 장악하자 백석은 창작은 하지 않고 번역에 힘을 쏟았다. 1947년 러시아 작가 시모노프(Konstantin Milhailovich Simonov)와 숄로호프(Mikhail Aleksandrovich Sholokhov)의 작품을 번역 출판했고, 1949년과 1950년에 숄로호프의 『고요한 돈강』 1부와 2부를 번역·출판했다. 그리고 1957년 4월 동화 시집 『집게네 네 형제』를 발표했다. 1958년 북한 사회에 당성 강화 운동이 일어나면서 1959년 1월 평양에서 추방되어 양강도 삼수군 관평리의 국영협동조합에 소속되어 축산반과 농산반에서 노동을 했다. 백석은 평양으로의 복귀를 위해 노력했지만, 1962년 10월 북한 문화계 전반에 내려진 복고주의 비판에 의해 일체의 창작 활동이 중단되었다.

1962년 이후 백석의 작품 발표가 보이지 않자 남한에서는 그가 세상을 떠난 것으로 추측했다. 그런데 2001년 백석 애호가인 송준이 북한의 유족들과 연락이 닿아 백석이 1995년에 타계했다는 사실을 신문에 알렸고, 최근에 이르러 백석이 1996년 2월 15일경 사망했음을 발표했다.

백석 문학의 범위

백석은 매우 특이한 삶을 산 사람이다. 까다로운 성품과 결벽증 때문에 사람을 많이 사귀지도 못했고, 한 직장에 오래 머물지도 못했다. 한 여인을 마음에 두고 오랫동안 짝사랑하는가 하면 기생과 동거하며 정상적인 결혼 생활을 회피하기도 했다. 신문사 편집기자라든가 학교 교사 같은 안정감 있는 직장도 다 버리고 만주로 가서 떠돌이처럼 살기도 했다. 분단 이후에는 북쪽에 남아 국가의 지침에 맞는 활동을 하려고 노력했으나 결국은 비판을 받고 추방당해 산간지역 오지의 농장에서 서툰 농사일을 거들며 생을 마쳐야 했다.

이렇게 보면 백석은 생애의 전반부 30년은 시인으로 살고 나머지 30년은 농사꾼으로 산 것이다. 북한에서 발표한 시에 분단 이전의 그의 시와 유사한 어법이 등장하는 것은 사실이지만, 작품의 내용은 그가 추구한 문학의 순수성을 훼손한 것이 대부분이다. 동시나 동화 시는 사상성이 약하지만 그의 정제된 작품이 보여주었던 고상한 기품은 찾아보기 힘들다. 그런 점에서 볼 때 정말로 백석다운 시작품은 1935년 8월에 발표한 '정주성'부터 1948년 10월 발표한 '남신의주 유동 박시봉방'까지의 작품들이다. 그는 한국 현대시사에 남을 작품을 13년의 기간 동안 100편 남짓 발표했고. 그 작품들로 가장 개성적이고 매력적인 시인의 반열에 올랐다. 따라서 이 책의 서술도 그 테두리 내에서 이루어질 것이다. 또 백석의 시를 인용할 때 독자의 편의를 위해 원본 그대로가 아니라 필자가 현대어로 다듬은 교정본을 인용할 것이다. 원본과 현대어 정본의 구체적인 내용에 대해서는 필자의 책 『백석을 만나다(태학사, 2008)』를 참고하기 바란다.

사랑과 그리움의 시

통영의 추억

'말이 씨가 된다'는 말이 있다. 윤동주의 시를 읽으면 이 시인이 그의 비극적인 죽음을 예감하고 있었던 것이 아닌가 하는 생각이 들 정도로 죽음의 그림자가 많이 비친다. 백석의 시에도 그의 기구한 생애를 떠올리게 하는 야릇한 비극의 정조가 감돌고 있다. 특히 여성과 관련된 시편들은 그가 평생 여성을 그리워하며 떠돌이로 살 것 같은 예감마저 갖게 한다.

백석의 첫 사랑은 짝사랑으로 시작되었다. 1935년 5월 말 백석의 친구 허준이 조선일보사에서 함께 근무하던 동료 신현중의 여동생과 결혼을 했다. 그리고 6월 초에 축하연이 열렸는데, 이 자리에 신부 측 하객으로 이화여고보에 재학 중인 박경련이 참석했다. 스물 세 살의 젊은 백석이 그녀에게 호감을 가진 것은 당연한 일이었다. 그해 여름 백석은 통영을 방문하고 돌아와 시 '통영(「조광」, 1935. 12)'을 발표했고, 이듬해 1월 두 번째로 통영 지역을 여행하고 돌아와 다시 '통영(「조선일보」, 1936. 1. 23)'을 발표했다. 이 두 번째 시에 '열나흘 달'이라는 단어가 나오는 것으로 보아 통영을 방문한 시점은 음력 12월 14일, 양력으로는 1936년 1월 8일임을 알 수 있다.

이때는 시집 『사슴』의 출판 준비도 끝냈을 때라 홀가분한 마음으로 신현중을 앞세워 통영에 간 것 같다. 이 시에 의하면, 백석은 구마산(舊馬山) 선창에서 연락선을 타고 통영으로 갔다. 통영 지역의 풍물을 실감 나게 소개한 다음, 백석은 그곳에 사는 여인 '난(蘭)이라는 이'에 대한 관심을 드러낸다. 여기 나오는 '난이라는 이'는 박경련을 가리키는 것으로 보인다. 그 당시 그녀가 살던 집은 충무공 사당에서 가까운 명정골에 있었는데, 백석은 명정골의 이름과 유래, 그곳의 풍정까지 언급하면서 그곳에 사는 여인 난에 대한 연모의 감정을 내비치고 있다.

'내가 좋아하는 그이는 푸른 가지 붉게 붉게 동백꽃 피는 철엔 타관 시집을 갈 것만 같은데'라는 말을 통해 다른 지역 사람과 혼인할 가능성을 암시하는가 하면, 느닷없이 평안도에서 온 여인을 등장시켜 자신의 존재를 간접적으로 드러낸다. 말하자면 타향인 평안도에서 온 사람과 동백꽃 피는 철에 결혼을 하면 어떻겠느냐는 생각을 은근히 비치고 있는 것이다. 그런데 백석은 그곳에서 박경련을 만나지 못하고 그녀의 외사촌 서병직의 대접만 받고 돌아왔다고 한다. 그래서인지 마지막 시행은 다음과 같이 한 여인을 그리워하는 쓸쓸한 모습으로 마무리된다.

옛 장수 모신 낡은 사당의 돌층계에 주저앉아서 나는 이 저녁 울 듯 울 듯 한산도 바다에 뱃사공이 되어 가며
영 낮은 집 담 낮은 집 마당만 높은 집에서 열나흘 달을 엽고 손방아만 찧는 내 사람을 생각한다

백석은 세 번째 '통영' 시를 1936년 3월 6일자 「조선일보」에 발표했다. 이는 3월 5일부터 8일까지 연재된 '남행시초' 네 편 중 한 편이다. 이 시에 '열이레 달이 올라서'라는 구절이 나오는 것을 볼 때 음력 1월 17일, 약력 2월 9일 전후로 창원에서 삼천포에 이르는 지역을 답사하고 쓴 것으로 보인다. 이 네 편의 작품은 충실한 기행시의 형식을 취하고 있어서 백석의 사적인 감정은 거의 나타나지 않는다. 다만 '통영'의 끝부분에 '서병직 씨에게'라는 헌사를 붙여 지난 번 방문 당시 대접받은 고마움을 표시하고 있다.

백석은 세 번의 통영 행에도 불구하고 한 번도 박경련을 만나지 못했고, 1936년 4월 서울을 떠나 함흥의 영생고보 영어교사로 부임하였다. 1936년 말 겨울방학을 맞이하자 다시 허준을 앞세워 통영으로 가서 청혼했으나 뜻을 이루지 못했다

백석이 흠모한 여인 '난'

고 한다. 그로부터 넉 달 후인 1937년 4월 박경련은 신현중과 결혼했다. 그러니까 백석과 그 여인은 1935년 6월 허준의 결혼 피로연 자리에서 한 번 보았을 뿐 정식으로 두 사람이 만나 대화를 나눈 적도 없는 셈이다. 거의 일방적인 짝사랑에 불과한 백석의 관심 표명은 박경련이 결혼하면서 끝나게 된다. 그러나 짝사랑일수록 아쉬움이 많이 남는 법. 더군다나 그 여인이 자신이 잘 아는 친구의 부인이 되었다는 사실은 아쉬움을 더욱 짙게 했을 것이다. 그 후 백석의 시에 그녀의 이미지가 몇 번 되풀이되어 나타나는 것이 이를 반증한다.

자야와의 사랑

1988년 납·월북 문인들의 작품이 전면 해금되고, 백석의 문학이 자유롭게 공개되자 백석 연구도 활기를 띠었다. 이때 백석이 함흥에서 만나 사랑을 나누었다는 기생 김자야(金子夜)가 실제 인물로 나타났다. 그의 본명은 김영한(金英韓)이고 기명은 진향(眞香), '자야'는 백석이 지어준 이름이라고 했다. 김영한은 김자야라는 이름으로 백석과의 사랑의 사연을 구술한 『내 사랑 백석(문학동네, 1995)』을 출간했다. 뿐만 아니라 그는 2억 원의 기금을 출연해 백석문학상을 제정했다. 백석을 진정으로 사랑했다고 고백한 그는 백석을 '평안도 토속 언어로 민족의 삶을 그려낸 애국시인'으로 보았다.

백석과 김자야가 처음 만난 시점은 박경련이 결혼한 1937년 4월 이후로 추정된다. 자신의 친구이자 사랑의 안내자 역할을 맡았던 신현중이 박경련과 결혼한다는 사실은 백석에게 충격으로 다가왔을 것이다. 그는 무슨 놀이를 하다 자기 것을 다 빼앗기고 놀림감이 된 듯한 느낌을 받았을 것이다. 자신만 외톨이로 남았다는 생각도 들었을 것이다. 그때 우연히 들린 함흥의 요릿집에서 그는 김자야를 만났다. 김자야의 회고에 의하면, 백석은 자신을 보자마자 손을 꼭 잡고 '마누라'라고 불렀으며 '자야'라는 이름까지 지어주면서 호감을 표현했다고 한다. 통영의 여인을 잃은 허탈감에 그는 자신도 모르게 술을 많이 마시고 빨리 취했을 것이다. 이후 두 사람은 급속도로 친해져 자주 만났고, 학교에서는 동거한다는 소문까지 났다고 한다.

젊은 시절의 김자야

그해 겨울방학 때 백석은 서울로 갔다가 부모의 강권에 의해 마지못해 혼례를 치렀는데, 김자야 때문에 첫날 밤도 치르지 않고 함흥으로 돌아왔다는 것이다. 그 사실을 알고 고민하던 김자야는 백석의 장래를 위해 1938년 3월 도망치듯 서울로 이주했다. 갑자기 학교를 떠날 수 없었던 백석은 이별의 아픔을 감내하며 시간을 보냈을 것이다. 한 학년을 겨우 마친 그해 12월 말 백석은 학교에 사표를 내고 서울로 와 다시 자야를 만났다. 참으로 기구한 사랑이었다. 그들은 서로를 좋아하면서도 신분의 차이 때문에 괴로워했다. 백석의 장래를 걱정한 자야는 1939년 12월 또 한 번 사랑의 도피를 감행했다. 백석은 모든 것을 버리고 새 생활을 시작한다는 의미에서 만주로 이주했다.

쓸쓸만 하구려 섧기만 하구려

김자야는 그의 회고담에서 백석의 시 여러 편에 자신의 모습이 투영되어 있다고 말했다. 물론 이를 사실 그대로 다 받아들이기에는 어려운 면이 있다. 그러나 '바다(「여성」, 1937. 10)'와 '나와 나타샤와 흰 당나귀(「여성」, 1938. 3)'는 김자야를 마음에 두고 쓴 시로 보아도 좋을 것이다. 김자야의 회고에 의하면, 함흥 시절의 어느 날 월간지 「여성」을 들고 와 거기 실린 '바다'라는 시를 보여주었다는 것이다.

바닷가에 왔더니
바다와 같이 당신이 생각만 나는구려

바다와 같이 당신을 사랑하고만 싶구려

구붓하고 모래톱을 오르면

당신이 앞선 것만 같구려

당신이 뒤선 것만 같구려

그리고 지중지중 물가를 거닐면

당신이 이야기를 하는 것만 같구려

당신이 이야기를 끊은 것만 같구려

바닷가는

개지꽃에 개지 아니 나오고

고기비늘에 하이얀 햇볕만 쇠리쇠리하여

어쩐지 쓸쓸만 하구려 섧기만 하구려

- '바다' 전문

　여기 담긴 바다의 모습은 매우 쓸쓸하고 외부로부터 단절되어 있다는 인상을 준다. 하얀 햇빛이 '쇠리쇠리하다(눈이 부시다)'고 했으니 계절은 늦봄이나 초여름일 것이다. 그러한 판단을 좀 더 보강해주는 것이 '개지꽃(메꽃의 평북 방언)'이다. 메꽃은 6월부터 피기 시작한다. 메꽃 중에는 바닷가의 모래사장 주변에 자생하는 '갯메꽃'도 있다고 하니 이 시의 정황과 부합한다. 시인은 초여름 햇살이 비치는 바닷가를 거닐며 당신을 생각하고 있다.

이 시에서 '당신'은 누구일까? 시는 독자에게 열린 상태로 제시되는 것이니 이 시의 '당신'을 어느 특정인으로 한정할 필요는 없다. 다만 이 시를 자신에게 보여주었다는 김자야의 회고를 염두에 두고 그 가능성을 살펴볼 수는 있다. 김자야와의 관계를 떠올리며 이 시를 읽으면 시상이 더욱 애틋하게 다가오는 게 사실이다. 우리는 이 시에서 분명 사랑의 감정을 느끼고 당신을 보고 싶어 하지만 그 사랑이 성사될 수 없을 것 같은 불길한 예감 때문에 야릇한 슬픔을 느끼는, 한 섬세하고 연약한 자아의 쓸쓸한 고백을 만나게 된다. 이루어지기 힘든 사랑인 줄 알면서도 자신도 모르게 빠져들어 가는 내성적 자아의 떨리는 마음을 생각하면 이 시는 더욱 진한 감동으로 다가온다.

마가리에 살자

백석이 '나와 나타샤와 흰 당나귀'를 쓴 시점은 1937년 말에서 1938년 2월에 이르는 겨울방학 시기일 것이다. 집안의 강권에 의해 혼례는 치렀으나 다시 함흥에 있는 김자야에게 도망치던 바로 그 시기였다. 백석은 어느 눈 내리는 밤, 세상의 관습과 구속에서 벗어나 김자야와 더불어 깊은 산골로 숨어들어가 그들만의 삶을 이루는 모습을 꿈꾸어 본 것 같다. 이 시는 그런 맥락에서 읽을 수 있는 요소를 내포하고 있다.

가난한 내가

아름다운 나타샤를 사랑해서

오늘밤은 푹푹 눈이 내린다

나타샤를 사랑은 하고

눈은 푹푹 내리고

나는 혼자 쓸쓸히 앉아 소주를 마신다

소주를 마시며 생각한다

나타샤와 나는

눈이 푹푹 쌓이는 밤 흰 당나귀 타고

산골로 가자 출출이 우는 깊은 산골로 가 마가리에 살자

눈은 푹푹 내리고

나는 나타샤를 생각하고

나타샤가 아니 올 리 없다

언제 벌써 내 속에 고조곤히 와 이야기한다

산골로 가는 것은 세상한테 지는 것이 아니다

세상 같은 건 더러워 버리는 것이다

눈은 푹푹 내리고

아름다운 나타샤는 나를 사랑하고

어데서 흰 당나귀도 오늘밤이 좋아서 응앙응앙 울을 것이다

- '나와 나타샤와 흰 당나귀' 전문

우선 이 시의 첫 행에 나오는 '가난한 내가'라는 구절을 깊이 음미해 볼 필요가 있다. 왜 '가난한'이란 어휘를 이 시의 맨 앞에 자신을 소개하는 수식어로 내세운 것일까? 문맥으로 볼 때 이 구절은 다음 행에 나오는 '아름다운 나타샤'와 대조를 이룬다. 현실적으로 아름다운 나타샤를 제대로 사랑하기 위해서는 풍족한 생활환경이 필요할 텐데 '가난한 내가' 사랑한다고 나서는 것은 어울리지 않는다는 뉘앙스가 이 문맥에 포함되어 있다. 가난한 내가 아름다운 나타샤를 사랑하는 것은 성사되기 어려운 일이기 때문에 더 진한 슬픔을 자아낸다. 그러한 비극적 정황에 호응하는 것이 '푹푹' 내리는 눈이다. 세상을 완전히 덮어버릴 듯 내리는 눈은 가난한 화자가 처한 정황의 참담함과 가난 속에 유지되는 마음의 순결함을 동시에 암시한다.

　　사랑의 성취를 기약할 수 없는 화자는 푹푹 내리는 눈에 마음을 달래며 소주를 마신다. 소주에 점점 취해가며 흰 당나귀를 타고 산골로 가서 마가리(오두막집)에 살자고 독백한다. 백석은 여러 지면에서 자신이 좋아하는 동물로 당나귀를 지칭한 바 있다. '흰 당나귀'는 푹푹 내리는 눈과 호응해 내면의 순결성을 강조하기 위한 설정이다. '출출이'는 우리나라 산야의 흔한 텃새인 뱁새(붉은머리오목눈이)를 가리키는 말이다. 가난한 내가 아름다운 나타샤와 사랑을 나누기 위해 산골로 숨어들어가 산새의 울음소리 들리는 오두막집에서 살 수밖에 없음을 이야기하고 있다.

　　이 시에서 중요한 의미를 담은 부분은 3연이다. 이렇게 푹푹 내리는 눈 속에 소주를 마시며 나타샤를 생각하자 어느새 화자의 마음속에 나타샤가 찾아와 무어라고 고조곤히(조용히) 이야기를 건넨다. 속삭임의 내용은 '산골로 가는 것은 세상한테 지는 것이 아니다 / 세상 같은 건 더러워 버리는 것이다'라는 것인데, 이것이 나타샤의 속삭임이라는 점에 주목할 필요가 있다. 세상에 져서 쫓겨 가는 것이 아니라 세상이 더러워서 능동적으로 버린다는 말을, 화자가 하지 않고 나타샤가 이야기한다는 사실이 중요하다. 그것은 나타샤가 산골로 가자는 나의 요청을 수락할 뿐만 아니라 그 행위가 지닌 의미까지 적극적으로 수용한다는 사실을 의미한다. 나타샤는 내 마음을 이해하고 나의 사랑을 받아들인 것이다. 그런 까닭에 4연에 '아름다운 나타샤는 나를 사랑하고'라는 구절이 자연스럽게 이어질 수 있다. 사랑의 화합이 이루어지는 것을 축복하는 듯 흰 당나귀도 응앙응앙 운다고 표현했다.

화합과 축복의 장면으로 시가 마무리되었지만, 이 시의 사랑은 현실에서 이루어진 것이 아니라 몽상 속에 이루어진 것이다. 몽상은 지속력이 약하다. 눈이 푹푹 내리거나 소주에 취해 환상에 잠기는 일은 일정한 시한이 있는 법이다. 눈이 그치고 술이 깨면 '나는 가난하고 나타샤는 아름다운' 현실의 상황이 선명하게 다가온다. 현실의 국면 위에 두 사람의 거리는 여전히 좁혀지지 않고 더욱 뚜렷한 윤곽으로 노출될 것이다. 그렇다고 정말로 세상을 버리고 산골로 숨어들 수도 없는 일이다. 시의 문맥은 몽상의 아름다움을 펼쳐냈지만 현실에는 여전히 갈등과 고뇌가 현존하고 있다. 여기에 시인 백석의 괴로움이 놓여 있었을 것이다. 어쩌면 그의 만주행은 그가 이 시에서 꿈꾸었던 '깊은 산골로 가 마가리에 사는' 일을 실현하기 위해 선택한 것인지도 모른다.

사슴의 미학

모국어의 위대한 힘

1936년 1월 20일 고전적 장정에 한지(韓紙)를 사용해 인쇄한 시집 『사슴』이 100부 한정판으로 출간되었다. 그 당시 백석은 문단에 거의 알려지지 않은 사람이었다. 그러나 그가 낸 시집은 문단에 상당히 큰 반향을 일으켰다. 「조선일보」 학예부 기자인 김기림은 1월 29일자 「조선일보」에 즉각 시집의 독후감을 발표했다. 그는 『사슴』이 철저한 향토 취미에도 불구하고 '거의 철석(鐵石)의 냉담에 필적하는 불발(不拔)한 정신을 가지고' 대상과 마주서기 때문에 감상주의나 복고주의에 빠지지 않았다고 평가했다. 전북 부안의 시인 신석정은 1월 31일자 「조선일

100부 한정판으로 찍은 『사슴』
(국립중앙도서관 소장)

보」에 시 '수선화'를 발표하면서 '눈 속에 사슴을 보내주신 백석 선생에게 드리는 수선화 한 폭'이라는 부제를 달았다. 또 이효석은 그해 11월 「조광」에 실은 「영서의 추억」이라는 수필에서 백석의 시집 『사슴』을 읽고 '고향을 찾은 느낌에 기쁘고 반갑고 마음이 뛰놀았다'고 적었다.

평론가 박용철은 같은 해 4월 「조광」에 '백석 시집 『사슴』 평'을 실어 백석 시의 문학사적 의의를 분명히 밝혔다. 그는 백석의 '수정 없는 평안도 방언'이 지닌 '모어(母語)의 위대한 힘'을 인정했고, 이 시인의 방언 사용이 단순한 호사벽이나 향토 취미에 의한 것이 아니라 '현재의 우리 언어가 전반적으로 침식 받고 있는 혼혈 작용에 대해서 그 순수를 지키려는 의식적 반발을 표시하고' 있으며, 이것은 '우연적이고 부수적인 사건'이 아니라 '이 시인의 본질적 표현의 일부'라고 규정해 백석의 시어 전반에 대한 문학·역사적 의의를 정확히 짚어냈다. 이 평문은 지금의 시각에서 보아도 백석 시의 본질을 상당히 정통하게 꿰뚫은 글이다. 임화나 오장환의 초점을 잃은 부정적 평가와는 비교도 되지 않는 혜안을 지닌 것이었다.

독특한 어법의 토속 미학

『사슴』에는 전부 33편의 작품이 수록되어 있다. 백석은 소제목을 설정해 시의 특성에 맞게 시집을 네 부로 구성하였다. 제1부 〈얼럭소새끼의 영각〉은 송아지가 어미를 부르는 소리를 내듯 어린 시절을 회상한다는 뜻이다. 제2부 〈돌덜구의 물〉은 돌절구에 남아 있는 물처럼 기억에 남아 있는 작은 사연들을 이야기한다는 뜻이다. 제3부 〈노루〉는 이 부분의 마지막 작품인 '노루'를 소제목으로 내세웠는데, 간결한 작품들과 이야기를 담은 작품들을 함께 수록했다. 제4부 〈국수당 넘어〉는 이 부분에 수록된 '오금덩이라는 곳'의 '국수당 돌각담의 시무나무 가지에'라는 구절에서 소제목을 따온 것으로 서낭당을 넘어 접할 수 있는 산촌의 풍정을 다룬 시들이 수록되었다.

이 시집에서 우리 마음을 사로잡는 것은 고향의 토속적인 모습을 백석 특유의 개성적 어법으로 재현한 작품들이다. 수식어가 수식어의 꼬리를 물고 길게 이어지는 구어적 서술 형태라든가 여기 배치된 토속적 방언들, 토속적 배경과 인물들이 자아내는 정취는 백석 이전에 아무도 시도한 적 없는 전적으로 새로운 양식이었다. 이런 점에서 백석의 작품이 당시 독자에게 준 충격은 상당했을 것이다. 객관적 관찰자의 입장을 취하면서도 이면에 정서의 윤기를 머금은 그의 독자적인 화법은 토속적 삶의 질감과 여기 담긴 마음의 움직임을 구체적인 영상으로 재구성해 냈다. 이는 당시 한국시가 창조한 가장 개성적인 미학이라고 할 수 있다. 우리는 백석의 시를 통해 20세기 전반 한반도 북방지역 산촌 사람들의 삶의 모습을 생생하게 들여다볼 수 있게 된 것이다.

　명절날 나는 엄매 아배 따라 우리 집 개는 나를 따라 진할머니 진할아버지가 있는 큰집으로 가면

　얼굴에 별 자국이 솜솜 난 말수와 같이 눈도 껌벅거리는 하루에 베 한 필을 짠다는 벌 하나 건너 집엔 복숭아나무가 많은 신리(新里) 고모 고모의 딸 이녀(李女) 작은 이녀
　열여섯에 사십이 넘은 홀아비의 후처가 된 포족족하니 성이 잘 나는 살빛이 매감탕 같은 입술과 젖꼭지는 더 까만 예수쟁이 마을 가까이 사는 토산(土山) 고모 고모의 딸 승녀(承女) 아들 승동이
　육십 리라고 해서 파랗게 보이는 산을 넘어 있다는 해변에서 과부가 된 코끝이 빨간 언제나 흰옷이 정하던 말끝에 섧게 눈물을 짤 때가 많은 큰골 고모 고모의 딸 홍녀(洪女) 아들 홍동이 작은 홍동이
　배나무 접을 잘 하는 주정을 하면 토방 돌을 뽑는 오리치를 잘 놓는 먼 섬에 반디젓 담그러 가기를 좋아하는 삼촌 삼촌 엄매 사촌 누이 사촌 동생들이 그득히들 할머니 할아버지가 있는 안간에들 모여서 방안에서는 새옷의 내음새가 나고
　또 인절미 송기떡 콩가루찰떡의 내음새도 나고 끼때의 두부

와 콩나물과 볶은 잔대와 고사리와 도야지비계는 모두 선득선
득하니 찬 것들이다

　　저녁술을 놓은 아이들은 외양간 옆 밭마당에 달린 배나무
동산에서 쥐잡이를 하고 숨굴막질을 하고 꼬리잡이를 하고 가
마 타고 시집가는 놀음 말 타고 장가가는 놀음을 하고 이렇게
밤이 어둡도록 북적하니 논다
　　밤이 깊어가는 집안엔 엄매는 엄매들끼리 아랫간에서들 웃
고 이야기하고 아이들은 아이들끼리 윗간 한 방을 잡고 조아
질하고 쌈방이 굴리고 바리깨돌림하고 호박떼기하고 제비손이
구손이하고 이렇게 화대의 사기 방등에 심지를 몇 번이나 돋우
고 홍계닭이 몇 번이나 울어서 졸음이 오면 아랫목싸움 자리
싸움을 하며 히드득거리다 잠이 든다 그래서는 문창에 텅납새
의 그림자가 치는 아침 시누이 동서들이 욱적하니 흥성거리는
부엌으론 샛문 틈으로 장지문 틈으로 무이징게국을 끓이는 맛
있는 내음새가 올라오도록 잔다
- '여우난골족(族)' 전문

　'여우난골족'은 '여우가 나오는 골짜기에 사는 가족'이라는
뜻이다. 큰집이 있는 곳이 바로 '여우난골'이고 명절날 그곳으
로 모인 친척이 '여우난골족'이다. 이 시를 처음 대하는 사람들
은 줄글 같은 시행에 연이어 나오는 낯선 말에 당혹감을 느낀
다. 또 길게 이어지는 시행을 어디서 끊어 읽어야 할지 망설이

게 된다. 그러나 이 시를 몇 번 읊조리다 보면 얼마 안 가 이 시의 어조에 친숙해지고 그 의미도 파악할 수 있게 된다.

이 시가 낯설게 느껴지는 것은 평북 방언의 사용과 민속적 소재의 나열 때문이다. 그러니까 이 시는 표면적으로 특수성을 지향한다는 느낌을 준다. 그러나 이러한 독특한 시어와 소재를 통해 이 시가 환기하는 것은 한국인의 보편적 삶이다. 요컨대 백석은 가장 지방적이고 특수한 것을 통해 가장 전형적이고 보편적인 삶의 모습을 보여주는 방식을 구사했다.

이 시는 서술적인 형태를 취하고 있지만 자유시보다도 더 두드러진 율동감을 드러낸다. 그 율동감은 명절날 벌이는 놀이의 흥겨움을 그대로 환기하는 효과를 갖는다. 동시에 놀이에 참여한 사람들의 어린이 같은 천진성을 드러내는 구실도 한다. 그 율동감은 복잡한 운율적 장치에 의해서가 아니라 반복과 열거, 대구 등의 단순한 방법에 의해 조성된다. 비유의 방법 역시 세련된 것이 아니라 농촌의 소박한 어법을 그대로 차용하는 수준의 것이다. 이것이 바로 필자가 앞에서 말한 '눌변의 미학'이다. 이러한 독특한 어법으로 백석은 무엇을 보여주려 한 것일까?

공동체적 합일의 공간

이 시는 네 연으로 나누어져 있는데 각 연의 배치는 일종의 연극적 구성을 보이고 있다. 1연은 연극이 벌어질 공간의 제시이고, 2연은 등장인물의 소개다. 3연은 명절의 옷과 음식을 통해 흥겨운 분위기를 제시한 것이고, 4연이 연극의 본마당에 해당한다. 연극의 본마당은 가족 구성원이 모두 참여하는 놀이의 공간이다. 2연과 4연이 다른 연에 비해 길이가 긴데 그것은 이 두 부분이 의미 있는 대목임을 알려준다. 즉 이 시는 명절에 참여한 사람들과 그들이 벌이는 놀이를 통해 어떤 의미를 전달하고자 한 것이다.

연극의 공간으로 진입하는 첫 장면은 출발부터 흥겹다. 나는 엄마 아버지를 따라가고 우리 집 개는 나를 따라간다는 설정은 산골 마을 가족의 화목한 모습을 나타낸다. 여기 나오는 '큰집'은 유교적 규범성을 지닌 가부장적 권위의 표상이 아니라 모두가 즐거운 마음으로 참여하는 축제의 공간이다.

2연에 등장하는 인물들은 백석이 어릴 때 실제로 대했던 친척들이다. 신리에 사는 고모는 얼굴이 약간 얽었으며 말할 때마다 눈을 껌벅거리는 버릇이 있는데, 하루에 베 한 필을 짤 정도로 부지런하다. 토산에 사는 고모는 열여섯에 마흔이 넘은 홀아비의 후처로 들어갔는데, 그래서인지 공연히 화를 잘 내고 살빛과 입술은 거무스레한 빛을 띠었다. 큰골 고모는 멀리 보이는 산 너머 해변 마을로 시집을 갔다가 과부가 되었다. 언제나 흰옷을 단정하게 입고 있지만, 이상하게 코끝이 빨갛고 삶이 힘겨워서인지 섧게 눈물을 흘릴 때가 많다. 삼촌은 배나무 접을 잘 붙이고 짐승 잡는 올가미도 잘 놓는데, 술에 취하면 토방돌을 뽑겠다고 주정을 하기도 한다. 풍어 때가 되면 밴댕이젓을 담근다며 집을 떠나 먼 섬에 다녀오는 것을 좋아하는 독특한 성격의 소유자다. 세 명의 고모와 한 명의 삼촌, 그리고 사촌 형제들이 할머니 할아버지가 있는 안방에 그득히 모여 북적대는 장면은 상상만으로도 풍요로운 느낌을 자아낸다.

근대적 문명의 시각으로 보면 여기 등장하는 인물들은 정상에서 조금씩 벗어나 있다. 얼굴이 좀 얽었거나, 눈을 껌벅거리거나, 열여섯에 마흔이 넘은 홀아비의 후처가 되었거나, 코끝이 빨간 과부거나, 술주정이 심하거나 한 인물들이다. 『사슴』에 등장하는 다른 인물들도 이와 유사한 특성을 보인다. '가즈랑집'의 할머니는 예순이 넘었는데 자식도 없이 혼자 살면서 신장(神將)을 섬긴다고 하고, '고방'에는 귀머거리 할아버지가 나오고, '모닥불'에는 부모 없이 외톨이가 된 할아버지가, '주막'에는 앞니가 뻐드러진 아이가, '정문촌'에는 열여섯에 늙은 말꾼한테 시집간 가난이가 등장한다. 이 인물들은 도시의 세련된 시각에서 보면 무언가 부족해 보이지만 시골에 가면 매우 흔히 접하게 되는 평범하고 소박한 인물들이다.

그런데 이 약점을 지닌 인물들이 펼쳐 보이는 정경은 그지없이 평화롭고 풍성하다. 이들이 모여 함께 이야기하고 음식을 먹고 놀이를 하는 큰집의 공간 속에서는 인물들의 개인적 약점이 모두 가려진다. 개인적 약점을 넘어서 이룩되는 평화롭고 풍성한 유대감은 그곳을 충만한 화합의 공간으로 만든다. 그들의 인간적 결함조차 이곳에서는 가족끼리의 정겨운 친화력으로 작용한다.

명절의 흥겨움은 4연의 놀이 장면에서 절정에 이른다. 앞부분은 해지기 전까지 마당에서 노는 장면이고, 뒷부분은 일몰 후 방에서 노는 장면이다. 여기 등장하는 놀이는 지금 우리들에게 아주 생소한 것들이다. 백석이 어린 시절에 즐겼던 이 놀이도 그가 시를 쓰던 1930년대 중반의 시점에서는 일제의 고유문화 말살 정책에 의해 그 토속적 요소의 상당 부분이 유실되고 있었을 것이다. 백석은 사라져 가는 어린 시절의 놀이를 세세히 떠올려 그것을 하나하나 열거했다. 웃고 떠들며 밤을 지새우던 놀이의 시간 속에 평화롭고 풍족한 세계가 보존되어 있다고 생각했을 것이다. 개개의 가족 구성원이 모여 이루는 공동체적 합일의 공간 속에 삶의 힘과 기쁨과 보람이 담겨 있다는 믿음을 드러내고 싶었을 것이다. 이것은 고향 풍물의 회상이라든가 사라져 가는 것에 대한 애착과는 질적으로 다른 근원 탐구의 정신이다.

백석의 시가 놀이와 음식에 관심을 보인 것은 이 두 가지가 본능에 밀착된 그리움을 환기하기 때문이다. 먹는 것과 노는 것은 인간의 가장 원초적인 본능이다. 그래서 그것과 관련된 기억은 평생 지워지지 않고 반복되어 재생된다. 그는 먹는 것과 노는 것, 이 두 가지 요소를 기본 축으로 하여 그의 기억 속에 긴밀하게 자리 잡고 있는 '여우난골족'의 삶의 실체를, 그 안에 있는 근원적 세계를 탐구해 갔다. 그렇기 때문에 '여우난골족'은 단독으로 떨어져 있는 개별적 대상이 아니라 공동체적 삶을 누리고 있는 민족 전체의 제유(사물의 한 부분으로 전체를 나타내는 수사적 표현 방법)다. 이 시가 백석의 대표작으로 꼽히는 이유가 바로 여기에 있다.

음식의 감각

　백석의 시에는 음식에 대한 관심이 많이 나타난다. 음식은 맛과 냄새, 모양으로 기억되기 때문에 청각보다는 미각, 후각, 시각이 그의 시에서 중요한 역할을 한다. 그중에서도 후각이 가장 두드러진 역할을 한다. 냄새에 의해 음식이 연상되며 식욕도 솟아난다. 과거의 일을 떠올릴 때도 후각과 미각이 가장 민감한 반응을 보이며 중요한 역할을 한다. 다음 시구들을 보면 백석이 얼마나 냄새에 많은 관심을 보였는지 잘 알 수 있다.

　　부엌에 째듯하니 불이 밝고 솥뚜껑이 놀으며 구수한 내음
　새 곰국이 무르끓고

　　　　　　　　　　　　　　　　　　　- '고야(古夜)' 중에서

　　문을 연다 머루빛 밤하늘에
　　송이버섯의 내음새가 났다

　　　　　　　　　　　　　　　　　　　- '머루 밤' 중에서

　　여승은 합장하고 절을 했다
　　가지취의 내음새가 났다

　　　　　　　　　　　　　　　　　　　- '여승' 중에서

아카시아들이 언제 흰 두레방석을 깔았나

어데서 물큰 개비린내가 온다

- '비' 전문

소라 방등이 불그레한 마당에 김 냄새 나는 비가 내렸다

- '통영' 중에서

　여기서 보는 것처럼 냄새는 음식의 맛을 연상시키기도 하지만 때로는 우수나 고독의 분위기를 조성하기도 한다. 이러한 냄새에 대한 집착은 시집 이후의 작품에도 연속적으로 나타나며 '동뇨부(童尿賦, 「문장」, 1939. 6)'와 '국수(「문장」, 1941. 4)'에서 절정에 이른다. '동뇨부'에서는 오줌의 냄새를 통해 유년 시절의 순수함을, '국수'에서는 국수 삶는 냄새를 통해 마을 사람들의 소박한 마음을 환기한다. 오줌 누는 것은 지극히 일상적인 배설 행위이고, 국수는 한국사람 누구나 즐겨 먹는 음식이다. 먹고 배설하는 생리적인 현상을 통해 본능에 연결되어 있는 그리움을 표현하고자 한 것이다.

　이러한 맛이나 냄새는 『사슴』에 등장하는 인물들처럼 세련되지 않은 토속적 풍물과 연결되어 있다. 그리고 이는 토속적 배경과 밀착된 자족적 공간을 형성한다. 요컨대 등장하는 인물들과 그들이 즐기는 음식과 냄새와 그것들을 감싸고 있는 공간은 모두 동질적이다. 시집 맨 앞에 실린 '가즈랑집'에서도 할머니에 대한 추억은 맛있는 음식과 연결되어 있다. 화자는 산

나물을 캐는 할머니를 따라다니며 할머니가 만들어 줄 맛있는 음식들을 떠올린다. 여름철에 먹게 될 무릇우림, 둥굴레우림의 단맛을 먼저 떠올리며 즐거워하고, 더 나아가 가을에 먹게 될 도토리묵과 도토리범벅의 맛까지도 미리 연상하며 입맛을 다신다. 맛있는 찰복숭아를 먹다가 씨까지 삼키고 탈이 나는 것은 아닌가 걱정했던 기억도 떠올리고 있다. 재미있는 놀이나 사소한 걱정거리 등 즐겁게 회상되는 여러 가지 일들이 모두 음식의 맛과 연결되어 있다.

간결한 정경 묘사

『사슴』의 2부와 3부에는 간결한 시형으로 정경을 묘사한 작품들이 실려 있다. 그 시들은 자연의 정경을 이미지를 통해 객관적으로 묘사하면서 그 가운데 인간의 행동을 개입시키기도 한다. 인간의 행적이 개입되는 경우 그 시는 미묘한 우수의 분위기를 띤다.

> 산뽕잎에 빗방울이 친다
> 멧비둘기가 난다
> 나무등걸에서 자벌기가 고개를 들었다 멧비둘기 켠을 본다
>   - '산비' 전문

> 옛 성의 돌담에 달이 올랐다

묵은 초가지붕에 박이
또 하나 달같이 하이얗게 빛난다
언젠가 마을에서 수절 과부 하나가 목을 매어 죽은 밤도
이러한 밤이었다

– '흰 밤' 전문

흙꽃 이는 이른 봄의 무연한 벌을
경편철도가 노새의 맘을 먹고 지나간다

멀리 바다가 보이는
가정거장도 없는 벌판에서
차는 머물고
젊은 새악시 둘이 내린다

– '광원' 전문

　이 세 편의 시 중 '산비'는 단순한 자연의 정경을 묘사하고 있다. 회상도 아니며 인간의 일도 개입되지 않았다. 자연물에 대한 천진한 해석을 보여주기는 하지만 우수나 쓸쓸함 같은 감정은 일으키지 않는다. 그렇다고 너그러운 충족감을 전해주는 것도 아니다. '흰 밤'도 정경을 묘사한다는 점에서 이미지 중심의 시인데, 끝 부분에 과거의 사건이 개입하면서 인간적 정감이 간접적으로 노출된다. 과부의 자살이라는 구체적인 사건이 개입되지 않았다면 시각 이미지의 구성으로 끝났을 텐데 수절

과부라는 외로운 인간의 자살이 배치됨으로써 흰 밤에 우수의 그림자가 드리운다. '광원'은 정경 묘사에 인간이 개입되었을 뿐 회상은 아니다. 현재의 상태를 보이는 대로 그리고 있는데, 그 그림은 젊은 두 여인의 막막한 운명을 암시하는 것 같아 고독과 우수의 감정을 안겨준다. 풍속적 소재를 다룬 시에서 느꼈던 안온함과 충족감은 발견되지 않는다.

『사슴』에 실린 절반 정도의 작품은 이러한 유형의 작품들이다. 앞에서 본 풍속적 소재의 작품에 비하면 우리에게 주는 심리적 자극은 작은 편이다. 그러나 간결한 형식 속에 의미의 여운을 남기는 표현 방법은 새롭고 독특하다. 간결한 심상을 감각적으로 응축하는 일본시의 영향을 받은 것 같기도 하다.

눌변의 미학

백석은 거의 모든 작품에서 열거의 방법을 사용한다. 열거의 방법은 음식의 명칭, 놀이, 인물들의 외모 묘사에서부터 사건의 진행 과정이나 풍물의 묘사에 이르기까지 넓게 분포된다. 열거는 대개의 경우 시구들 간의 대립구조와 결합되어 미묘한 운율감을 자아낸다. '여우난골족'에 나오는 '벌 하나 건너 집엔 복숭아나무가 많은 / 신리 고모 / 고모의 딸 이녀 / 작은 이녀' '예수쟁이 마을 가까이 사는 / 토산 고모 / 고모의 딸 승녀 / 아들 승동이' 같은 부분이 대표적인 예다. 요컨대 열거와 결합된 이항 대립의 형식이 백석 시의 운율미를 형성하는 기본 동력이 된다. 표면적으로는 줄글처럼 보이는 백석의 시가 나름의 운율감을 머금는 근거가 여기에 있다.

그의 시에 사용된 비유법은 거의가 직유인데 백석만큼 직유로 일관한 시인도 한국시사에서 찾기 힘들다. 그런데 그 직유 역시 세련된 비유가 아니라 거의 일상어가 되어버린 관용적 표현이거나 어딘가 어울리지 않는 어색한 느낌을 주는 것들이다. 비유의 보조관념으로는 대부분 토속적 사물이 동원된다. 예를 들면 '파리떼같이 모인 손자' '곰의 발 같은 손' '매감탕 같은 살빛' '뜨물같이 흐린 날' '미역오리같이 말라서' '버러지같이 누웠다' '센개(사나운 개) 같은 게사니(거위)' '구덕살이(구더기)같이 욱실욱실하는 손자' 등 그 예는 헤아릴 수 없이 많다. 그는 농촌 지역에서 즐겨 쓰는 평범하고 투박한 표현을 그대로 차용한 것이다. 또 그의 시에 많은 의성어와 의태어가 사용되고 있는데, 이 역시 토속적 풍경의 생생한 현장감을 환기하기 위한 방법이다.

요컨대 백석의 시는 산촌의 소박한 언어로 삶의 전체적인 국면을 보여주려 한 것이다. 소설에서 소박한 구어체 문장으로 농촌 현실을 그려낸 김유정의 방법론을 그는 시에서 유려하게 펼쳐 보였다. 이러한 토착어의 폭넓은 활용은 그때까지 시어로 사용되지 않았던 지방어를 시의 중심부로 끌어올리는 미학적 전환의 작용을 했다. 이로써 1930년대 다른 시가 보여주지 못했던 독특한 질감을 시에 부여하는 데 성공했다. 이것은 김소월의 평북 방언, 김영랑의 호남 방언 사용의 수준을 훨씬 넘어서는 적극적인 방법론의 소산이다. 백석의 이러한 표현방법을 필자는 '눌변의 미학'이라고 명명했다. 백석의 눌변의 미학은 식민지 체제의 근대지향성과 역방향에 서는 것으로 한국시사의 독자적인 자리를 차지한다.

내면세계의 탐구

정체성의 확인

시집 『사슴』에 대해 논평을 가한 인물 중 모더니티(modernity) 와 관련된 발언을 한 사람은 김기림과 오장환이다. 김기림은 모 더니티와 관련해 긍정적인 평가를 내렸고, 오장환은 비판적인 태도를 보였다. 오장환은 백석의 시에 대해 상당히 강한 비판 적 어사를 구사하면서 백석이 스타일만을 찾는 모더니스트에 불과하다고 결론지었다. 김기림은 백석의 시가 지적 통제에 의 한 감정의 절제에 성공했다고 보고, 그러한 측면을 그가 애호 한 모더니티라는 용어를 빌려 언급했다. '거의 철석(鐵石)의 냉 담에 필적하는 불발(不拔)한 정신을 가지고 대상과 마주선다'고

한 말이 바로 그것을 지적한 것이다.

모더니티와 관련지어 그의 외모에서 풍기는 인상이나 분위기도 고려해 볼 만하다. 당시 신문이나 잡지에 실린 백석의 인물평을 보면 하나같이 그의 이국적 풍모라든가 모던보이 풍의 겉모습을 거론하고 있다. 대표적인 예는 역시 김기림의 글인데, 그는 백석에 대해 '완두(豌豆)빛 더블브레스트를 젖히고 한대의 바다의 물결을 연상시키는 머리의 웨이브를 휘날리면서 광화문통 네거리를 건너가는 한 청년의 풍채는 나로 하여금 때때로 그 주위를 몽파르나스로 환각시킨다'고 적었다. 물론 이러한 진술에 약간의 과장이 섞여 있겠지만 그 외의 지면들에 보이는 기록도 유사한 것을 볼 때 사실과 어긋난 발언은 아닌 것으로 판단된다. 요컨대 그는 키가 큰 미남일뿐더러 외모에도 꽤 신경을 쓰는 멋쟁이 시인이라는 점을 확인할 수 있다.

이 당시 백석의 외모에서 연상되는 것은 모국어를 사수해 민족정신을 지켜가려는 민족주의자의 모습이 아니라 새것을 찾아 움직이는 현대 청년의 모습이다. 냉정히 생각해 보면 백석의 창작 동기도 다른 사람이 보여주지 못한 새로운 시를 써 보자는 열망에 놓여 있었는지 모른다. 남과 다른 독특하고 새로운 시, 모던한 시를 쓰고 싶었을 것이다. 그 새롭고 특이한 시가 바로 토속적 풍물을 토속적 방언으로 드러낸 작품들이었다. 그런데 시집에는 토속적 세계를 다룬 시만 있는 것이 아니라 이미지 중심의 시도 절반가량 있었다. 그러나 여기에 대해서는 아무도 언급하지 않았고 아예 무관심했다. 이유는 간단하다. 그런 시는 백석의 시 외에도 얼마든지 있었고, 백석이 아니라도 얼마든지 쓸 수 있었기 때문이다.

　토속적 세계를 드러낸 시야말로 백석만이 다룰 수 있는 새롭고 특이한 영역이었다. 그래서 여러 문인들이 이구동성으로 시집의 토속적 세계에 대해 새삼 놀라워하고 관심을 표명하였다. 이러한 문단의 반응을 대하고 백석은 이번에는 자각적이고 의식적으로 토속적 세계에 눈을 돌리게 된다. 이어지는 탐구의 과정을 통해 그는 민족의 문화와 역사, 그리고 민족의 내면세계를 만나게 된다. 『사슴』이후의 시편에서 백석의 시는 우리 기대에 부응하는 방향으로 뻗어나갔다. 시집 발간 이후 문단의 반응을 통해 비로소 그는 자신의 정체성과 나아갈 방향을 자각하게 된 것이다.

백석 시의 기본 정조

　『사슴』의 시편은 정서의 일방적인 노출을 억제하고 있지만, 백석 시 전체를 놓고 보면 정서를 철저하게 배제한 이미지 시는 그의 시를 통틀어 10편이 약간 넘을 뿐이다. 그 외 대부분의 시는 때로는 강하게, 어떤 경우는 은밀하게 정서를 드러내고 있다. 그리고 그 정서의 내용은 흐뭇함이라든가 흥겨움 등의 긍정적인 것도 있으나 대부분은 쓸쓸함, 슬픔, 두려움 등의 부정적인 정서다. 이러한 사실은 앞에서 '광원'을 예로 들어 설명했다. 시집 이후에 발표한 다음 작품을 살펴보자.

닭이 두 홰나 울었는데
안방 큰방은 홰즛하니 당등을 하고
인간들은 모두 웅성웅성 깨어 있어서들
오가리며 섞박지를 썰고
생강에 파에 청각에 마늘을 다지고

시래기를 삶는 훈훈한 방안에는
양념 내음새가 싱싱도 하다

밖에는 어데서 물새가 우는데
토방에선 햇콩두부가 고요히 숨이 들어갔다
- '추야일경(秋夜一景)' 전문

이 시의 분위기는 『사슴』에 실린 '여우난골족'이나 '고야'의 한 대목과 통한다. 제사나 잔치를 앞둔 날 밤의 풍성하고 흐뭇한 정경을 백석 특유의 음식 열거와 냄새 환기의 수법으로 형상화했다. 특히 1연에서 시각과 미각을 결합해 안방의 흥성거리는 정경을 제시한다든가 2연에서 후각 이미지를 초점에 두고 '훈훈함'과 '싱싱함'이라는 대조적인 어감의 말을 배치한 점, 다시 3연에서 청각 이미지와 미각을 결합시켜 '우는데'와 '고요히'를 대조시킨 점 등은 백석이 얼마나 세심한 배려에 의해 시행을 배치하고 있는가를 알려주는 좋은 사례다.

전체적으로 감정이 절제되기는 했으나 대상을 바라보는 시인의 시선은 상당히 훈훈하고 싱싱하다. 그런데 백석의 시에서 이렇게 흐뭇하거나 흥거운 정감을 환기하는 시는 극히 제한되어 있다. 『사슴』의 토속적 풍물을 다룬 시가 안온함과 충족감을 환기하기는 하지만, 토속적 풍물을 다룬 작품에도 쓸쓸함이나 두려움 등의 정서가 부분적으로 노출되고 있다. 백석 시 전체를 놓고 볼 때 진정한 의미의 풍요로움이라든가 흥거움을 나타낸 작품은 '여우난골족' '오리 망아지 토끼' '연자간' '황일(黃日)' '창원도' '고성가도' '삼천포' '월림장' '귀농' 등의 시편에 불과하다.

앞에서 본 '나와 나타샤와 흰 당나귀'에서 시인은 세계와의 거리감과 단절감을 느끼며 끝내 세계에 합일되지 못하는 심정을 표현했다. 그러한 비합일의 현실감, 세계와의 거리감이 그의 시에 쓸쓸함과 외로움, 슬픔, 두려움 등의 정서를 자아내게 한다. 이 세계와의 거리감은 근대적 세계와의 거리감만 말하는 것이 아니다. 그것은 시인이 마주하는 모든 삶, 고향마을의 토속적 세계까지 포함한 일체의 대상세계와의 거리감을 의미한다. 다시 말하면 백석은 근대적 세계에 거리감을 느낄 뿐만 아니라 고향의 토속적 세계에 대해서도 합일감을 갖지 못했다. 그래서 토속적 풍물을 묘사할 때도 우수와 비애의 정조가 드러나는 것이다.

특히 유년 시절을 회상하는 시에 등장하는 무서움의 정서는 삶 자체에 대한 인간의 운명적 불안감을 환기한다. '흰 밤'에는 인간의 자살과 관련된 두려움의 정서가 나타나 있고, '고야'

에는 유년 회상의 한 구석에 노나리꾼이나 무속과 관련된 공포감이 삽입되어 있다. '가즈랑집'도 유년회상과 그리움이 중심을 이루고 있지만 가즈랑집 할머니와 그 할머니가 거처하는 공간은 두려움을 안겨주는 대상으로 설정되어 있다. '오금덩이라는 곳'은 죽음과 관련된 불길한 민속 의식을 제시하면서 불안한 세계의 모습을 암시한다. '정문촌'과 '여우난골'에도 죽음과 관련된 두려움이 반영되어 있다. 시집 이후의 작품인 '향악(響樂)'과 '외가집', 해방 후에 발표된 '산'이나 '마을은 맨천 귀신이 돼서'에도 불안감과 두려움이 담겨 있다.

고향 상실감의 극복

고향마을의 토속적 삶에도 합일되지 못하고 거리감을 느끼게 되면 고향은 위안의 대상이 되지 못하고 그리움의 대상으로 남는다. 정지용이 노래한 시 '고향' 중 '고향에 고향에 돌아와도 / 그리던 고향은 아니러뇨'의 경우가 그것이다. 백석 시의 기본 정조 역시 고향 상실의 문제와 밀접히 관련되어 있다. 일반적으로 고향에 관한 인간의 심리적 반응은 다음과 같은 세 가지 양상으로 나타난다.

① 고향과 순수한 유년시절에 대한 그리움
② 고향의 안온한 세계가 사라진 데서 오는 상실감
③ 고향상실감을 메우거나 극복하기 위한 심리적 방법의 동원

고향에 대한 그리움은 고향을 떠나 어른이 된 상태에서 갖게 되는데 그것도 행복한 처지에 놓였을 때보다는 궁색한 처지에 빠졌을 때 더 뚜렷하게 떠오른다. 고향에 대한 그리움의 바닥에는 안온하고 화평한 삶에 대한 갈망이 깔려 있다. 또 현재의 타락하고 훼손된 삶과 대비되는 순수한 삶에 대한 동경도 담겨 있다. 인간에게 가장 편안하고 충족된 시간은 유년시절로 기억되며 그 유년시절을 보낸 고향의 공간이 가장 안온하고 순수한 모습으로 자리 잡는다. 따라서 고향에 대한 그리움은 유년에 대한 그리움이고 순수한 삶에 대한 동경이며 평화로운 삶에 대한 갈망이다.

고향의 모습이 수시로 머리에 떠오르고 언제라도 고향에 찾아가 위안받을 수 있다면 그것은 행복한 경우다. 그러나 오랫동안 고향을 잊어왔기에 자신의 마음에서 고향의 모습이 지워져 버렸거나 고향에 돌아가도 예전의 안온하던 고향 모습을 찾아볼 수 없을 때 고향상실감이 자리 잡는다. 말하자면 고향을 상실했다는 느낌 때문에 고향에 대한 그리움을 갖게 되며 고향에 대한 그리움을 강하게 가질수록 상실감은 더욱 커진다. 과도한 기대와 동경을 가지고 고향에 갔을 때 그 고향은 그가 바라던 고향의 모습일 수가 없다. 그러기에 자연히 상실의 감정이 확대되며 그것과 비례해 고향의 옛 모습을 그리는 마음도 강렬해진다.

백석 시의 기본정조인 쓸쓸함과 슬픔, 두려움 등의 정조가 ②의 심정과 관련된 것임은 앞에서 살핀 바와 같다. 그의 시에 나오는 현실세계와의 단절감도 이것과 관련된 것이다. 그의 시 중 ①의 심정을 주축으로 한 시도 여러 편 있다. '가즈랑집' '여우난골족' '고야' '주막'에서부터 '동뇨부'에 이르는 시편들이 그 것이다. 그런데 ①과 ②는 사실 표리의 관계에 놓여 있다. 상실 감이 있기에 그리움이 있으며 그리움이 있기에 상실감이 있다. 현실세계와의 단절감이 유년시절의 충족된 공간에 관심을 갖게 하며 역으로 유년시절에 대한 강렬한 그리움이 현실세계와의 합일을 가로막는다. 결국 ①과 ②는 고향의식의 야누스적 두 얼굴인 셈이다.

그가 추구한 ①의 세계는 소박한 인정의 세계를 바탕으로 한 것이었다. 가령 '적경(寂境)'이나 '오리 망아지 토끼' '개' 등의 시에 보이는 가족애적 인정의 세계가 그 대표적인 예다. 그 인정의 세계에 대한 지향은 ②의 정조가 주가 된 시편에서도 확인된다. '여승' '수라' '팔원' 등의 시에서 비탄어린 삶과 함께 보여준 소박한 휴머니즘의 표출이 그 예다. 여승이 된 기구한 운명에 대한 동정, 핏줄을 잃고 헤매는 거미에 대한 연민, 식모살이한 계집아이에 대한 안타까움 등에는 인간다운 삶이 회복되기를 바라는 시인의 염원이 담겨 있다.

고향의식의 세 방향 중 ①과 ②의 바탕에 휴머니즘이라는 정신적 가치가 놓여 있다 하더라도 그 심정 자체가 과거 지향적이라는 점은 부정할 수 없다. 사람이 앞을 보고 살아가자면 과거에 대한 그리움에서 벗어나야 하며 현재적 상실감의 늪에서 빠져나와야 한다. 따라서 삶이 지속되는 한 ①이나 ②의 심정은 당연히 ③의 심리상태로 전환되기 마련이다. 과거의 울타리에서 벗어나 현재와 미래의 의미까지도 헤아리게 될 때 비로소 역사적 전망이 열릴 것이다. 백석의 시는 다행스럽게도 ③의 단계를 향한 가치 있는 전환의 자세를 마련한다. 앞에서 필자가 백석의 시가 우리가 기대하는 방향으로 뻗어나갔다고 한 것은 바로 이를 두고 한 말이다.

③의 단계를 위한 전환은 우선 마음의 발견에서 비롯된다. 고향 상실감이건 고향에 대한 그리움이건 그것은 내면적인 것이고 눈에 보이지 않는 것이다. 따라서 그 해결이나 극복의 방식도 결국에는 마음의 자세에 귀착되기 마련이다. 백석은 인정의 세계를 통해 마음의 소중함을 발견하고, 어떤 방식으로든 상실의 감정이 다스려져야 한다는 자각을 얻었다. 같은 사물도 보는 시각에 따라, 인식하는 마음의 자리에 따라 그 의미가 달라진다는 사실을 깨달았다. 그 각성의 내용이 그의 시 '목구(「문장」, 1940. 2)'와 '국수'에 담겨 있다.

> 내 손자의 손자와 손자와 나와 할아버지와 할아버지의 할아버지와 할아버지의 할아버지의 할아버지와……수원 백씨 정주백촌의 힘세고 꿋꿋하나 어질고 정 많은 호랑이 같은 곰 같은 소 같은 피의 비 같은 밤 같은 달 같은 슬픔을 담는 것 아 슬픔을 담는 것
>
> – '목구' 중에서

아, 이 반가운 것은 무엇인가

이 희스무레하고 부드럽고 수수하고 슴슴한 것은 무엇인가

겨울밤 쩡하니 익은 동치미국을 좋아하고 얼얼한 댕추가루를 좋아하고 싱싱한 산꿩의 고기를 좋아하고

그리고 담배 내음새 탄수 내음새 또 수육을 삶는 육수국 내음새 자욱한 더북한 삿방 쩔쩔 끓는 아르굳을 좋아하는 이 것은 무엇인가

이 조용한 마을과 이 마을의 의젓한 사람들과 살뜰하니 친한 것은 무엇인가

이 그지없이 고담하고 소박한 것은 무엇인가

- '국수' 중에서

그는 제사에 쓰이는 평범한 나무 그릇에서 '힘세고 꿋꿋하나 어질고 정 많은' 마음을 감지하고 조상들의 넋과 후손들의 넋이 이어진다는 사실을 깨닫는다. 물론 이 깨달음은 '슬픔을 담는 것 아 슬픔을 담는 것'이라는 구절로 볼 때 상실감을 완전히 넘어선 단계의 것은 아니다. 그러나 목구를 통해 민족적 영원성을 감성적으로 확인하려는 단계에까지는 나아간 것이다. 또 우리들이 일상적으로 먹는 국수도 예사롭게 보지 않았다. 국수의 맛과 빛깔에 국수를 먹는 사람들의 마음과 꿈이 담겨 있다고 생각했다. 그리고 이 국수의 맛과 빛깔은 아득한 옛날부터 먼 미래에 이르기까지 변함없이 이어질 것이라는 깨달음

을 드러냈다. 이러한 정신으로 고향의 풍물을 대할 때 고향 상실감은 비로소 극복될 수 있다. 제사라는 의식이 사라지지 않는 한 조상들의 마음과 우리의 마음은 이어지며 민족적 영원성은 유지된다. 국수라는 음식이 사라지지 않는 한 고향과 그 마을 사람들의 마음은 엄연히 살아 있다. 요컨대 백석은 목구와 국수라는 사물에 새로운 의미를 부여함으로써 상실감을 극복하고자 한 것이다.

이 ③과 관련된 시편들은 백석 개인의 시적 전개과정에 있어서만이 아니라 한국문학의 정신사적 맥락에 있어서도 중요한 의미를 지닌다. 그 시들은 대체로 1939년에서 1941년 사이에 집중적으로 발표되었는데, 그러한 성격의 시들을 발표순으로 열거하면 '북신(北新)' '목구' '수박씨, 호박씨' '허준' '국수' '흰 바람벽이 있어' '촌에서 온 아이' '조당(澡塘)에서' '두보나 이백같이' 등이다. 이 시들은 가시적 대상 너머에서 진정한 가치를 찾는다는 공통점을 보인다.

역사와 공동체의 발견

진정한 가치의 탐구

눈으로 보이는 세계 너머에서 가치 있는 무엇을 찾아내려는 자세는 『사슴』 이후 발표한 첫 작품인 '탕약(1936. 3)'에서 구체화된다. 그리고 이 시 이후의 시에서 대상의 이면에서 숨은 의미를 찾아내려는 노력이 지속적으로 전개된다. '탕약'이 발표된 지면은 구인회의 기관지 「시와 소설」이다. 구인회는 당시 문단적 영향력이 큰 신문사 기자들이 중심이 되어 만든 단체로 둘째가라면 서러워할 당대 모더니스트들이 참여한 모임이었고, 편집은 이상(李箱)이 맡았다. 이 잡지에 이상은 그의 시 중 가장 난해한 것으로 알려진 야심적인 장편 산문시 '가외가전(街

外街傳'을 발표하고, 정지용은 우회적 비유를 사용해 지금까지도 시적 대상에 대한 궁금증을 야기하는 '유선애상(流線哀傷)'을 발표했으며, 김유정은 기생 박녹주에 대한 연모의 감정을 담은 『두꺼비』를 발표했다. 당대 젊은 문학을 이끄는 대표 주자들이 내는 잡지에 백석은 『사슴』과는 다른 새로운 작품을 발표해 보자는 생각을 했을 것이다.

눈이 오는데
토방에서는 질화로 위에 곱돌탕관에 약이 끓는다.
삼에 숙변에 목단에 백복령에 산약에 택사의 몸을 보한다
는 육미탕이다.
약탕관에서는 김이 오르며 달큼한 구수한 향기로운 내음새
가 나고
약이 끓는 소리 삐삐 즐거웁기도 하다.

그리고 다 달인 약을 하이얀 약사발에 받아 놓은 것은
아득하니 깜하여 만년 옛적이 들은 듯한데
나는 두 손으로 고이 약그릇을 들고 이 약을 내인 옛사람들
을 생각하노라면
내 마음은 끝없이 고요하고 또 맑아진다.

- '탕약' 전문

백석은 하얀 약사발에 담긴 검은 탕약을 신주 모시듯 두 손으로 고이 받들어 들고 이 약을 만들어낸 옛사람들을 생각한다고 했다. 이런 식의 마음에 대한 표현은 대상의 소묘가 중심이 된 『사슴』의 세계와는 질적으로 다른 것이다. 더 나아가 그 마음을 생각하노라니 내 마음도 '끝없이 고요하고 또 맑아진다'고 했다. 그냥 고요하고 맑아지는 것이 아니라 '끝없이' 고요하고 맑아진다고 했다. 과거로부터 이어오는 어떤 정신적 가치가 나의 내면을 정화하고 내 아픔을 치유할 수 있다고 생각한 것이다. 말하자면 백석은 눈앞에 보이는 가시적 대상을 넘어서서 그 안에서 어떤 정신적 가치를 찾으려는 시도를 보이고 있다. 이런 점에서 '탕약'은 백석 시 전개에서 매우 중요한 의미를 지닌 작품이다.

　'탕약' 이후 백석의 시에는 이러한 태도가 더욱 적극적이고 지속적인 양태로 나타난다. 1년 7개월의 공백이 지난 후 발표한 '북관(北關, 「조광」, 1937. 10)'에서 그는 명태 창난젓 요리를 앞에 두고 신라와 여진의 맛과 냄새를 찾아내려 한다. 이것 역시 눈앞의 가시적 대상을 넘어서서 그 안에서 어떤 정신적 가치를 찾으려는 노력의 표현이다. 1920년대에서 1930년대에 걸쳐 이러한 본질적 탐구에 눈을 돌린 시인은 백석 외에 거의 존재하지 않는다. 그런 점에서도 백석의 선구적 독창성이 인정된다.

감각과 역사의 접점

백석이 함흥으로 이주한 후 작품을 발표하지 않은 것은 환경의 변화 때문일 것이다. 1년 7개월이 지난 후 작품을 다시 발표하게 된 데에는 앞에서 언급한 오장환의 가혹한 평이 자극이 되었을지 모른다. 오장환은 평문에서 백석은 시인도 아니고 지금 시도 쓰지 않는다고 말했기 때문이다. 오장환의 평문이 1937년 4월에 발표되었으니 그때는 백석이 시를 발표하지 않은 지 만 1년이 되는 시점이다.

함흥에서 발표한 그의 첫 작품 '북관'은 함경도 지역의 대표적인 음식을 통해서 그 지역의 역사와 정신을 만날 수 있다는 생각을 표현했다. 오래된 대상에서 정신적 가치를 찾아낸다는 점은 '탕약'과 통하는 주제다. 평범한 생활풍속에서 삶의 실체를 발견하고 거기서 어떤 정신의 가치를 발견하려는 지향성이 심화되어 창작의 계기가 된 것이다. 백석은 다양한 감각을 동원해 삶의 풍속과 거기 담긴 정신을 탐구해 간다.

명태 창난젓에 고추무거리에 막칼질한 무이를 비벼 익힌 것을
이 투박한 북관을 한없이 끼밀고 있노라면
쓸쓸하니 무릎은 꿇어진다

시큼한 배척한 쿠퀴한 이 내음새 속에
나는 가느슥히 여진(女眞)의 살내음새를 맡는다

얼근한 비릿한 구릿한 이 맛 속에선

까마득히 신라 백성의 향수도 맛본다.

- '북관' 전문

백석은 평북 정주의 농촌 마을에서 태어났지만, 일본 동경의 청산학원에서 4년간 유학했고 서울에서 2년간 기자생활을 했으며, 이 시를 발표할 때는 함경남도의 중심도시인 함흥에서 1년 이상 영어교사로 일하고 있는 상태였다. 서울에서 기자생활을 하던 때의 인물평이나 영생고보 재직 시절의 사진 자료 및 제자들의 회고담을 보아도 대단히 세련된 외모의 현대적 인물

영생고보 재직 시절의 백석

임을 알 수 있다. 그러한 그가 '시큰한 배척한 퀴퀴한' 냄새와 '얼큰한 비릿한 구릿한' 맛 속에서 무한한 향수와 공감의 심경에 젖어드는 장면은 참으로 이채롭다.

그는 이러한 후각과 미각으로 표상되는 북관 지역의 생활상에 동화된 자신의 상태를 '끼밀고 있노라면'이라는 말로 표현했다. '끼밀다'의 뜻에 대해서는 아직 정확한 풀이가 나와 있지 않지만, 전후의 문

맥을 보면 이 말에 대상과 동화된다는 의미가 내포되어 있는 것 같다. 요컨대 백석은 '투박한 북관'을 자신의 삶의 일부로 껴안으면서 그것과 동화된 상태에서 외형적 표상의 내면에 담겨 있는 정신의 영역을 탐색하려는 것이다.

그에게 이러한 의식을 갖게 한 매개물은 '명태 창난젓에 고추무거리에 막칼질한 무이(무)를 비벼 익힌' 음식이다. 이것은 무를 소금에 절여 물기를 뺀 다음 창난젓에 고춧가루와 버무려 익힌 음식이다. 막칼질한 무를 비벼 익혔다고 한 백석의 표현으로 볼 때, 무를 가지런히 썰지 않고 되는 대로 듬성듬성 썰어 넣은, 소박하고 서민적인 음식임을 알 수 있다.

그는 북방의 토속 음식인 창난젓의 맛과 냄새에서 '투박한 북관'의 향취를 느끼며 그 퀴퀴하고 비릿한 향토의 세계에 젖어 들어간다. 단순히 토속 음식의 맛과 냄새에만 관심을 갖는 것이 아니라 함경도 지역의 역사에도 관심을 갖는다. 『사슴』에 담긴 토속적 세계와 북관 시편의 차이는 바로 여기서 나타난다. 유년의 시점으로 바라본 『사슴』의 토속적 세계는 풍속과 인정과 말이 어우러진 평화로운 삶의 재현에 집약되지만, 성인의 시점으로 관찰한 북관 거주기의 풍속 시편은 역사성의 인식을 포함하고 있다.

시인은 창난젓의 냄새에서 '여진의 살내음새'를 맡고, 창난젓의 맛에서 '신라 백성의 향수'를 맛본다고 적었다. 함경도 지역에 여진인들이 살았다는 것은 많은 사람들이 알고 있는 사실이다. 그러면 신라 백성의 향수를 맛본다는 것은 무엇인가? 신라의 진흥왕이 국토의 영역을 확장하여 서기 540년에서 576년까지 36년간 함흥지역 남쪽이 신라의 영토가 된 사실을 먼저 떠올릴 수 있다. 진흥왕은 함흥 지역에 황초령순수비와 마운령순수비를 세워 그곳이 신라의 영토임을 표시했다. 이 순수비는 역사적 유물로 남아 있었을 것이다. 또 고려 말과 조선 초에 여진인을 몰아낸 함경도 지역에 경상도 사람을 이주시킨 사실도 떠올릴 수 있다. 백석이 이러한 두 가지 역사적 사실을 인식하고 '신라 백성의 향수'를 맛본다고 적었는지 알 수 없지만, 음식에서 역사와의 연결점을 찾으려 한 것은 분명한 사실이다.

그런데 백석의 역사에 대한 의식은 어떤 확고한 인식의 차원에 이르지는 못한 것 같다. 그것은 '가느슥히'와 '까마득히'란 부사어의 어감에서 감지된다. '가느슥히'는 '꽤 가느스름하게, 희미하게'의 뜻으로 공간적인 윤곽을 나타내는 말이고, '까마득히'는 공간적 거리감이나 시간적 거리감을 나타내는 말로 쓰인다. 그러니까 창난젓의 퀴퀴한 냄새와 비릿한 맛에서 감지되는 역사적 사실에 대한 인식은 그렇게 선명한 상태가 아님을 알 수 있다. 그러나 투박한 북관의 향취에 대해 '무릎은 꿇어진다'로 서술한 것으로 보아 평범한 생활풍속에서 삶의 실체를 발견하고 거기서 정신의 단면을 발견하려는 지향성은 어느 정도 수립된 것으로 보인다.

공동체의 재발견

그로부터 몇 달 후 발표한 '산숙(山宿, 「조광」, 1938. 3)'은 삶의 표면에서 마음의 발견을 추구한다는 점에서 '탕약' '북관'과 연결된다. 이 작품은 '마음'이라는 시어를 사용해 인식의 전환을 뚜렷이 나타내고 있다.

> 여인숙이라도 국숫집이다
>
> 메밀가루 포대가 그득하니 쌓인 윗간은 들믄들믄 더웁기도 하다
>
> 나는 낡은 국수분틀과 그즈런히 나가 누워서
>
> 구석에 데굴데굴하는 목침들을 베어 보며
>
> 이 산골에 들어와서 이 목침들에 새까마니 때를 올리고 간 사람들을 생각한다
>
> 그 사람들의 얼굴과 생업과 마음들을 생각해 본다
>
> — '산숙' 전문

이 시의 첫 행 '여인숙이라도 국숫집이다'는 예사로운 구절이 아니다. 이 시행은 산간 지역의 생활상을 한눈에 알려주는 역할을 한다. 백석이 묵는 장소는 여인숙과 식당을 겸한 집이다. 깊은 산골이라 숙박하는 곳과 음식을 파는 곳이 분리되지 않은 것이다. 북방 산간 지역에는 밀이 자라지 않고 메밀이 생산되기 때문에 메밀국수가 주식이다. 윗간에 그득히 쌓여 있는

메밀가루 포대는 그들의 주식이 메밀임을 단적으로 알려준다. 국수를 삶는 온기 때문인지 들쿠레한 냄새가 나고 방안은 상당히 더운 상태라고 했다. 이 방안에서 화자는 메밀가루 포대와 낡은 국수틀과 나란히 누워서 동질적인 존재감을 느낀다.

　구석에는 목침이 몇 개 아무렇게나 놓여 있는데, 때가 새까맣게 묻어 있는 목침을 백석은 아무렇지도 않게 베고 생각에 잠긴다. 이것은 백석이 대단한 결벽증을 가지고 있었다는 증언과 정면으로 배치되는 대목이다. 여기서 '데굴데굴'은 앞에 나온 '들믄들믄' '그즈런히'와 호응하는 말로 대상에 대한 친숙감, 동화감을 전달한다. 화자, 메밀가루 포대, 국수분틀로 이어지는 동질적 공간에 목침도 한 자리를 차지한다. 그런데 그는 하나의 목침만 베어 본 것이 아니라 여러 목침을 번갈아 베어 보면서 그것을 베었을 사람들의 다양한 모습을 생각한다고 했다. 그는 분명 자신의 폐쇄적인 영역에서 벗어나 타인의 다양한 삶을 이해하려는 태도를 보이고 있는 것이다.

　여기서 또 흥미로운 것은 화자가 목침에 때를 남기고 간 사람들을 떠올리며 그들의 '얼굴과 생업과 마음들'을 생각해 보았다는 점이다. '얼굴, 생업, 마음'이 어떠한 내포적 의미로 연결되는가를 성찰해 볼 필요가 있다. 목침에 때를 남기고 간 사람들을 떠올리며 그들의 '얼굴과 생업과 마음'을 생각해 본다는 대목은 백석 시가 매우 의미 있는 변화의 지점에 이르렀음을 알려 준다. 여기 열거된 '얼굴, 생업, 마음'은 백석이 인간사의 다양한 국면 중 어디에 관심을 두고 있는지를 알려 주는 좋은 단서가 된다.

사람의 생김새에 대한 관심은 『사슴』에 수록된 작품에서부터 두드러지게 나타나던 특징이다. '여우난골족'에서 명절날 모인 친척들의 모습을 자세하게 묘사하는 장면이 그렇고, '주막'에는 앞니가 뻐드러진 범이라는 아이가 나오고, '정주성'에는 메기수염의 늙은이가 나왔다. 함경도 시편에서도 외모에 대한 관심은 그대로 이어져 '노루'에는 노루새끼를 닮은 산골사람이 나오고, '석양'에는 말상, 범상, 족제비상을 한 영감들이, '고향'에는 여래 같은 상을 하고 관공의 수염을 드리운 의원이 등장한다. 이러한 외모에 대한 관심은 그 자체로 종결되는 것이 아니라 그 사람이 하는 일, 즉 생업과 연결된다. 말하자면 그 사람의 외모와 생활환경은 밀접한 관련이 있다는 인식이 깔려 있다.

사람이 하는 일을 굳이 '생업(生業)'이라는 단어로 지칭한 데에는 그들이 하는 일을 통해 삶의 국면까지도 떠올려보고 싶어 하는 백석의 의식이 투영되어 있다. 말하자면 목침에 때를 묻히고 간 사람들이 각기 다른 방식으로 삶을 이끌어갈 터인데, 그들이 살아가는 방식과 활동 하나하나를 다 이해해 보고 싶다는 의식이 내포되어 있다. 우리는 여기서 백석의 정신이 개인적 삶의 국면을 넘어서서 어떤 공동체적 지평을 향하고 있음을 감지할 수 있으며, 생활의 표면 내부에 도사리고 있는 마음의 영역에 대한 관심이 확대되고 있음도 확인할 수 있다.

이러한 공동체적 자각 및 내면세계에 대한 인식은 '여우난골족'이나 '모닥불'에 보이던 합일의 세계에 대한 관심보다 한 단계 진전한 것이다. '여우난골족'은 명절날 모인 대가족 구성원의 특징과 가족 공동체의 평화로운 화합상을 보여 주었을 뿐 생활의 표면 내부에 놓여 있는 마음의 영역에는 관심을 기울이지 않았다. '모닥불' 역시 잡다한 사물과 소외된 존재들이 차별 없이 포용되는 동질적이고 자족적인 공간성을 보여주기는 했지만 그것을 통해 어떤 내면의 가치를 상징하는 단계에는 이르지 못했다. 그러나 '산숙'은 산골 여인숙의 목침이라는 평범한 소재를 택해 사람들의 동질적 생활상과 그 속에 담긴 마음의 공유 부분을 환기했다는 점에서 가족공동체에 대한 소박한 인식보다 한층 진전된 의식을 보여주었다.

북관의 정서

향수와 고독

    평북 정주 태생인 백석은 성인이 되어 고향을 떠난 후 고향에 정착하지 않았다. 동경에서 4년간 유학하였고 서울에서 2년 살다가 함흥으로 이주해 3년을 살았다. 이런 생활 때문에 고향에 대한 향수도 느끼고 자신의 처지에 대해 고독감도 느꼈을 것이다. 백석의 향수와 고독의 자의식을 드러내는 작품이 '고향(「삼천리문학」, 1938. 4)'과 '멧새 소리(「여성」, 1938. 10)'다.

> 나는 북관에 혼자 앓아누워서
> 어느 아침 의원을 뵈이었다

의원은 여래 같은 상을 하고 관공(關公)의 수염을 드리워서

먼 옛적 어느 나라 신선 같은데

새끼손톱 길게 돋은 손을 내어

묵묵하니 한참 맥을 짚더니

문득 물어 고향이 어데냐 한다

평안도 정주라는 곳이라 한즉

그러면 아무개 씨 고향이란다

그러면 아무개 씰 아느냐 한즉

의원은 빙긋이 웃음을 띠고

막역지간(莫逆之間)이라며 수염을 쓴다

나는 아버지로 섬기는 이라 한즉

의원은 또 다시 넌지시 웃고

말없이 팔을 잡아 맥을 보는데

손길은 따스하고 부드러워

고향도 아버지도 아버지의 친구도 다 있었다

- '고향' 전문

이 시는 타향에서 혼자 병을 얻어 앓아누운 백석이 의원에게 진찰을 받는 장면을 보여주고 있다. 백석이 이 시를 쓴 때는 함흥에서 지낸 지 만 2년이 되는 시점이다. 26세의 젊은 시인이자 영생고보 영어교사인 백석은 병이 나서 의원에게 진맥을 잡힌다. 그 의원은 여래같이 후덕한 얼굴에 관우처럼 긴 수염도 드리워서 먼 옛날의 신선을 연상시킨다. 아무 말 없이 한참

맥을 잡던 의원은 갑자기 고향이 어디냐고 묻는다. 환자의 말씨와 용태를 볼 때 평안도 사람이라고 생각했기 때문일 것이다. 백석이 자신의 고향을 조심스럽게 말하자 의원은 "그러면 아무개 씨 고향이로군."하고 말한다. 여기서 아무개 씨는 계초 방응모로 추정된다. 방응모는 그때 함경도 지역에 조림 사업을 벌이고 있었다. 백석은 방응모의 장학금으로 일본 유학을 했으며 귀국 후에는 방응모가 인수한 조선일보사에 근무한 인연이 있다.

　방응모 씨를 아느냐는 물음에 의원은 빙긋이 웃음을 띠고 허물없이 친한 사이라고 말한다. 이 웃음에는 '당신이 정주에서 만리타향 함흥으로 와서 당신의 고향 사람과 친한 인물을 만날 줄은 몰랐을 것'이라는 뜻과 '나는 그 사람과 막역지간이니 당신은 나를 믿고 의지해도 좋다'는 관용의 의미가 담겨 있다. 내성적이고 비사교적이던 백석은 객지에서 뜻밖에 자신이 존경하는 사람과 가까운 인물을 만나게 된 것이 너무 반가워 "그 분은 제가 아버지로 섬기는 분입니다."라고 말한다. 그 말 속에는 "의원님을 아버지처럼 믿고 의지해도 되겠지요?"라는 뜻이 담겨 있을 것이다. 그 뜻을 헤아린 신선 같은 의원은 또다시 넌지시 웃으며 아무 말 없이 맥을 짚는다. 백석은 그 담담한 태도에 깊은 신뢰와 애정을 느끼며 의원의 따스하고 부드러운 손길에 자신의 몸과 마음을 맡긴다. 그러자 그 손길 속에, 멀리 떨어진 그리운 고향도, 아버지로 존경하는 그분도, 그분의 친구인 이 신선 같은 의원도 다 함께 녹아 있는 것 같은 느낌을 갖게 되는 것이다.

이 시는 아버지 같은 온후한 인물을 만나 따뜻한 대우를 받는 장면을 그려냈지만, 백석이 이런 내용을 시로 써서 남겼다는 것은 그의 내면이 그만큼 외로웠다는 사실을 반증한다. 백석의 실제 북관 생활이 그런 흐뭇한 장면만으로 연속되지는 않았을 것이다. 고향과는 정반대의 위치에 놓인 그곳에서 오히려 고독과 회한의 감정을 느꼈을 공산이 크다.

길고 파리한 명태

이와 비슷한 시기에 발표한 '멧새 소리'는 겉으로 보면 시에 제시된 정경과 제목이 연관성이 없는 것처럼 보인다. 이 때문에 이 시의 의미를 자세히 음미해 보아야 한다.

> 처마 끝에 명태를 말린다
> 명태는 꽁꽁 얼었다
> 명태는 길다랗고 파리한 물고긴데
> 꼬리에 길다란 고드름이 달렸다
> 해는 저물고 날은 다 가고 볕은 서러웁게 차갑다
> 나도 길다랗고 파리한 명태다
> 문턱에 꽁꽁 얼어서
> 가슴에 길다란 고드름이 달렸다
>
> — '멧새 소리' 전문

이 시에도 자신의 연약한 모습과 등가를 이루는 사물로 명태가 등장한다. 명태는 북관 지역의 중요 특산물의 하나다. 겨울에 명태가 많이 잡히면 집집마다 처마 끝에 명태를 내 놓고 말린다. 백석은 명태의 꽁꽁 얼어붙은 기다랗고 파리한 모습이 자신을 닮았다고 생각한다. 꼬리에 기다란 고드름이 달린 모습까지 자신과 똑같다고 한다. 자신의 가슴에도 긴 고드름이 달려 있다는 것이다. 자신이 이렇게 춥고 외로운 처지에 있다는 것을 표현한 이 작품의 제목이 왜 '멧새 소리'일까? 여기에 대한 해명이 있어야 할 것 같다.

　평북 정주 태생인 백석은 고향을 떠나 8년간 객지 생활을 하고 있었다. 이런 처지에서 함흥의 쓸쓸한 겨울을 맞는 백석은 자신의 모습을 추위에 꽁꽁 얼어붙어 문턱에 매달린 명태처럼 춥고 서러운 존재로 인식했다. 명태는 꼬리에 고드름이 달려 있는데 자신은 가슴에 고드름이 달려 있다고 했다. 그의 가슴에는 이기지 못할 슬픔이 고드름처럼 길게 얼어붙어 있는 것이다. 이러한 슬픔과 소외감을 새삼 느낀 것이 멧새의 울음소리 때문이었을까? 고향에서 듣던 멧새 소리를 다시 듣게 되자 자신의 처지가 떠오르면서 오랫동안의 객지 생활이 새삼 서럽게 다가왔을 것이다. 요컨대 '멧새 소리'는 명태를 말리는 고장에 살고 있는 백석에게 그 자신이 명태처럼 꽁꽁 얼어붙은 파리한 존재임을 알려주는 고향의 속삭임 역할을 한 것이다. '해는 저물고 날은 다 가고 볕은 서러웁게 차갑다'는 시구는 시인이 처한 상황에 대한 막막한 느낌을 잘 나타낸다. 멧새 소리를 들으며 자신의 모습을 돌아보았을 때 파리하게 마른 가슴에 긴 고드름을 달고 있는 한 슬픈 존재의 모습이 떠올랐던 것이다.

세상에 대한 환멸

더러운 세상을 버리고 먼 곳으로 가고 싶다는 생각은 앞에서 본 '나와 나타샤와 흰 당나귀'에서 잘 살펴보았다. 이러한 세상과의 거리감을 조금 다른 질감으로 표현한 작품이 '가무라기의 낙(「여성」, 1938. 10)'이다.

가무락조개 난 뒷간거리에
빚을 얻으러 나는 왔다
빚이 안 되어 가는 탓에
가무라기도 나도 모두 춥다
추운 거리의 그도 추운 응달쪽을 걸어가며
내 마음은 우쭐댄다 그 무슨 기쁨에 우쭐댄다
이 추운 세상의 한구석에
맑고 가난한 친구가 하나 있어서
내가 이렇게 추운 거리를 지나온 걸
얼마나 기뻐하며 락단하고
가지런히 손깍지베개 하고 누워서
이 못된 놈의 세상을 크게 크게 욕할 것이다

– '가무라기의 낙' 전문

백석은 이 시에서 가무락조개와 자신과의 동질성을 드러내고 있다. '가무라기도 나도 모두 춥다'라는 구절이 동질성을 단적으로 표현한 대목이다. 가무락조개는 우리나라 전역에 자생하는 작은 조개로 지역에 따라 가무라기, 모시조개라는 이름으로 불린다. 화자는 빚을 얻으러 갔다가 얻지 못하고 춥고 그늘진 곳을 걸어가는 자신의 모습을 가무라기의 작고 연약한 모습과 동일화하고 있다. 그러나 이 추운 거리에 굴하지 않고 못된 세상에서 소외되어 돌아오는 것이 오히려 자랑스러울 정도로 기쁘다고 말한다. 맑고 가난한 친구 역시 내가 세상과 타협하지 않고 추운 거리를 지나온 것을 기뻐할 뿐만 아니라 이 잘못된 세상을 소리 높여 비판할 것이라는 말을 덧붙이고 있다.

여기 나오는 '락단하고'라는 말은 고어 '락닥하다(즐거워하다)'와 관련이 있을 것으로 보인다. 즐거워한다는 것은 물론 반어적인 표현이고, 이 시행에서 분명히 말하고자 한 것은 '이 못된 놈의 세상을 크게 크게 욕할 것'이라는 내용이다. 현실에 대한 적극적 비판이 직접적으로 언급된 이 표현은 세상이 더러워서 버리고 떠나겠다는 '나와 나타샤와 흰 당나귀'의 현실 부정적 태도보다 한 단계 더 상승한 환멸감을 드러내고 있다.

절망의 기원

현실에 대한 부정적 태도가 조금 다른 맥락에서 암시된 작품으로 '절망(「삼천리문학」, 1938. 4)'이 있다. 이 작품은 시인이 바라본 구체적인 사실을 바탕으로 인간사에 대한 환멸감과 시인의 슬픔을 표현하고 있다.

> 북관에 계집은 튼튼하다
> 북관에 계집은 아름답다
> 아름답고 튼튼한 계집은 있어서
> 흰 저고리에 붉은 길동을 달아
> 검정 치마에 받쳐 입은 것은
> 나의 꼭 하나 즐거운 꿈이었더니
> 어느 아침 계집은
> 머리에 무거운 동이를 이고
> 손에 어린것의 손을 끌고
> 가파러운 언덕길을
> 숨이 차서 올라갔다
> 나는 한종일 서러웠다
>
>   - '절망' 전문

이 시의 제목은 뜻밖에도 '절망'이다. 백석은 무엇에 절망한 것일까? 제목이 다소 과장된 측면은 있지만 '나의 꼭 하나 즐거운 꿈'이 사라진 데서 오는 상실의 감정을 '절망'이라고 표현했을 것이다. '한종일 서러웠다'는 화자의 심정은 그것에 비하면 오히려 고통의 수위가 가라앉은 수사적 표현이라고 할 수 있다. 어쩌면 이 제목은 백석이 북관 지역에서 겪은 상실이나 비애의 정도를 가리키는 말인지도 모른다. 그는 우리가 알 수 없는 어떤 사연으로 인해 절망의 감정을 체험한 것이다.

이 시가 발표된 시점은 1938년 4월이다. 되풀이되는 말이지만 이때 백석은 영생고보의 교사로 함흥에서 2년째 생활하고 있었다. 따라서 그가 '아름답고 튼튼한 계집은 있어서'라고 말할 때의 그 '계집'은 오다가다 우연히 마주친 여인이 아니라 구체적인 생활 속에서 백석이 관심을 가지고 지켜보던 대상이라고 해야 옳다. 그가 관심을 가진 여인은 북관 여인의 특징인 건강함과 아름다움을 둘 다 갖추고 있다. 화자는 그 여인을 '북관의 여인'이라고 두 번이나 지칭했다. 여기에는 그의 시 '석양'에서 북관 영감들의 투박하면서도 건실한 생활력에 관심을 보였던 생활 감각이 투영되어 있다. 아름답고 튼튼한 그 여인은 '흰 저고리에 붉은 깃동을 달아 / 검정 치마에 받쳐' 입고 있다. 이 여인의 복색이 나타내는 것은 검소함과 수수함이다. 즉 아름답고 튼튼하고 검소한 여인이 세상을 건실하게 살아가는 모습에서 그는 삶의 보람과 기쁨을 느꼈던 것이다. 그는 이것을 '나의 꼭 하나 즐거운 꿈'이라고 강조해 말했다.

7행의 '어느 아침' 이후는 화자가 가졌던 꿈의 깨어짐을 말하는 대목이다. 자신이 느낀 서러움의 근거를 밝히기 위해 '무거운' '가파러운' '숨이 차서' 등의 어사를 연이어 의도적으로 집어넣은 것을 보면, 우리가 알 수 없는 어떤 사연이 있음을 짐작하게 된다. 이러한 어사가 배치된 후반부의 시행은 그 여인이 상당히 힘들고 시련이 많은 길을 택해 어디론가 떠났다는 사실을 알려 준다. 여기서 '동이'의 해석이 문제다. 원래 동이는 물 긷는 데 쓰는 둥글고 넓은 질그릇을 말한다. 그러나 여기에서 는 동이처럼 보이는 짐을 머리에 인 것으로 보는 것이 좋을 것 같다. 무거운 동이를 이고 어린 것의 손을 끌고 가파른 언덕길 을 숨이 차서 올라갔다고 했기 때문이다.

여인은 결국 화자의 시야에서 사라져 버렸고, 화자는 그 아 름답고 튼튼하고 검소한 모습을 다시 볼 수 없게 되었다. '나의 꼭 하나 즐거운 꿈'이 사라졌기 때문에 화자는 '한종일' 서러웠 다고 말했다. 그 여인의 생각 때문에 하루 종일 아무 일도 하지 못하고 슬픔에 잠겨 있는 화자의 모습을 연상해 보면 이 어구 에 담긴 감정의 강도를 감지할 수 있다.

그러면 그 여인은 왜 짐을 싸들고 어린애를 데리고 떠나 버 린 것일까? 어린애를 데리고 떠난 것으로 보아 남편이 없이 혼 자서 어린애를 키우는 여자라는 추측도 가능하다. 혼자서 열심 히 세상을 헤쳐 가는 모습이 화자에게는 대견하게 생각되었을 것이다. 그러나 그곳에서 더 이상 살 수 없는 어떤 이유 때문에 그 여인은 더욱 가파른 운명의 능선을 넘어 떠나 버렸다. 그 이 유에 대해서는 별다른 언급이 없고 화자의 상실감만 표면에 노 출되었다. 정든 고향을 등지고 떠날 수밖에 없는 척박한 현실 에 대한 절망감, 소박하고 건실한 삶조차 누릴 수 없게 된 현실 에 대한 환멸감이 이 시에 내포되어 있다. 현실에 대한 환멸감 은 이면에 감추어져 있고 표면에는 화자의 상실감이 노출되어 있다.

편력과 회한

강렬한 그리움

1938년 12월 말 백석은 영생고보에 사직서를 제출하고 서울로 돌아왔다. 증인들의 말에 의하면, 전시체제로 접어들면서 학교 교사들에게도 삭발이나 군복 착용 등 군국주의적 제도가 도입되기 시작했는데 백석이 그것에 거부감을 가졌다는 점, 또한편으로는 일본인 교사들과 갈등을 일으킨 일 등을 사직의 원인으로 들고 있다. 내면적으로는 앞의 시편에서 본 객지 생활의 피로감과 고독감, 환멸의 심정도 원인이 되었을 것이다. 기록상으로 백석은 1939년 1월 26일에 조선일보사에 재입사했으며 그해 10월 21일에 사임했다. 그러니까 본격적인 서울 생활은 10개월 정도밖에 되지 않는다. 김자야는 이 기간 동안 서울 청진동에서 백석과 함께 생활했다고 구술했다. 조선일보사를 사임한 후 백석은 평안도 지역을 여행하여 기행시편을 발표하고 1940년 1월 만주로 떠났다.

조선일보 재입사기에 발표한 작품으로 '넘언집 범 같은 노큰마니(『문장』, 1939. 4)'와 '동뇨부'가 있다. 이 시들의 공통된 특징은 고향의 토속적 세계에 대한 그리움이 더욱 강화된 상태로 표현되었다는 점이다. 이것은 시집 『사슴』의 세계와 연결된 것으로 함흥 거주기의 작품에서는 거의 드러나지 않았던 내용이다. 함흥을 떠나 서울이라는 근대도시에 진입하자 다시 토속적 세계에 대한 그리움이 밀려든 것인지 모른다. 그것은 일제강점기 경성의 사이비 근대 풍물에 대한 거부감의 표현일 수도 있다. 그래서인지 이 작품에 나타난 그리움은 『사슴』의 경우처럼 동화적인 천진성을 지닌 것이 아니라 상당히 극단적인 양상을 드러내고 있다.

일가들이 모두 범같이 무서워하는 이 노큰마니는 구덕살이
같이 욱실욱실하는 손자 증손자를 방구석에 들메나무 회채리
를 단으로 쪄다 두고 때리고 싸리갱이에 갓진창을 매어 놓고
때리는데

내가 엄매 등에 업혀 가서 상사말같이 향약에 야기를 쓰면
한창 피는 함박꽃을 밑가지채 꺾어 주고 종대에 달린 제물배

도 가지채 쩌 주고 그리고 그 아끼는 게사니 알도 두 손에 쥐
어 주곤 하는데

우리 엄매가 나를 가지는 때 이 노큰마니는 어느 밤 크나큰
범이 한 마리 우리 선산으로 들어오는 꿈을 꾼 것을 우리 엄매
가 서울서 시집을 온 것을 그리고 무엇보다도 내가 이 노큰마
니의 장조카의 맏손자로 난 것을 대견하니 알뜰하니 기꺼이 여
기는 것이었다

- '넘언집 범 같은 노큰마니' 중에서

'넘언집 범 같은 노큰마니'는 증조할머니뻘 되는 집안의 큰
어른을 소재로 한 작품이다. 화자인 백석은 '이 노큰마니의 장
조카의 맏손자'가 된다. 평북 방언으로 '큰마니'는 할머니를, '노
큰마니'는 증조할머니를 뜻한다. 『사슴』에 실린 '가즈랑집'의 할
머니가 혼자 사는 무녀인 데 비해 이 할머니는 구더기 같이 욱
실거리는 손자와 증손자를 거느리고, 그들이 잘못을 하면 방구
석에 회초리를 단으로 쌓아두었다가 때리는, 일가친척에게 범
같이 무서운 존재로 군림하는 상징적 인물이다. 그는 갖가지
장식물이 달린 서낭당 고개를 넘어 깊은 골 안에 영동(楹棟, 기
둥과 마룻대)이 무겁게 가라앉은 오래 된 집에 사는데, 그 집에는
사나운 거위와 커다란 개가 떠들썩하게 짖어대고 소 거름 냄
새가 구수하게 배어나와 토속적 정취와 야성적 역동성을 동시
에 느끼게 한다. 이처럼 토속적이면서도 생명의 기운이 약동하

는 공간에 대가족제도의 정신적 지주로 군림하는 증조할머니가 거주한다는 것은 상당히 중요한 상징적 의미를 지닌다. 그것은 가문의 수호자이자 대지모신(大地母神)과 같은 생산과 증식의 상징으로 존재한다.

한편 '동뇨부'는 이러한 대가족제도의 친족주의와는 조금 다른 차원에서 어린 시절에 대한 강렬한 그리움을 드러낸다. 이 시는 봄날 밤에 노곤히 자다가 오줌을 싸던 촉감, 여름철 텃밭에서 풍겨오던 매캐한 오줌 냄새, 겨울밤 새끼 요강에 누던 오줌의 경쾌한 소리, 피부가 안 좋은 고모가 세수를 할 정도로 맑았던 어린 날의 오줌빛 등을 떠올리며 인간적 훈기로 가득한 과거의 삶을 그리워하고 있다. 이렇게 다양한 감각을 동원한 것은 감각에 의한 기억의 환기가 그 무엇보다 효과적인 매개 역할을 하기 때문일 것이다. 그런데 어린 날의 오줌을 이슬같이 맑은 것으로 연상한다는 점에서 그 그리움은 상당히 극단적인 면모를 보인다. 더군다나 '오줌이 넓적다리를 흐르는 따근따근한 맛 자리에 펑하니 괴이는 척척한 맛'이라든가, '오줌의 매캐한 재릿한 내음새' 등 어릴 때의 오줌과 관련된 기억을 잊을 수 없는 긍정적인 경험으로 미화시키는 것은 분명 과장된 측면이 있다.

그러면 백석이 이러한 감각의 극단적 상태를 표현하며 어린 날의 오줌을 순수의 차원으로 부상시킨 이유는 무엇일까? 그것은 본능적 차원으로서의 절대적 그리움을 표현하기 위해서일 것이다. 이것은 백석이 음식이나 놀이에 집착한 것과 유사한 맥락이다. 먹는 것, 노는 것 외에 배설하는 것도 본능에 밀착된 행위가 아닌가? 음식이나 놀이는 백석의 많은 시에 소재로 등장해 본능과 밀착된 그리움을 표현했다. 그러나 배설과 관련된 본능적 그리움은 시의 소재로 등장한 적이 없다. 음식이나 놀이를 매개로 과거를 떠올리던 백석은 배설이라는 또 하나의 본능적 행위를 통해 과거에 대한 그리움을 표현한 것이다. 이 그리움이 정상에서 벗어난 유별난 것이라는 점은 그의 과거에 대한 그리움이 극단적인 상태로 강화되었음을 반증한다. 이 유별난 그리움은 되돌아갈 수 없는 과거를 지향하기 때문에 현실의 맥락에서는 충족될 수 없다. 극단적인 그리움을 스스로 감당하지 못하게 될 때 고향에서 더욱 멀리 떨어진 이방의 공간으로 이탈해 가려는 충동이 생길 수 있다.

물론 만주로의 이주 동기를 이것으로만 설명할 수는 없다. '탕약' '북관' '산숙' 등의 시에서 보았던 내면세계의 발견과 역사적 자각이 이 시기의 시에 강화되면서 하나의 뚜렷한 역사의식으로 정착되는 과정을 보게 되는데 이러한 측면도 국내의 질식할 것 같은 상황에 염증을 느끼게 하고, 모든 것을 버리고 만주로의 이주를 감행하게 한 동인의 하나가 되었을 것이다. 그 단서를 보여주는 작품이 '북신(「조선일보」, 1939. 11. 9)'이다. 역사적 사실에 대한 관심이 민족의 역사에 대한 이해로 발전하면서 현실의 삶을 더욱 환멸스러운 것으로 인식하게 되면 그것은 원초적 고향에 대한 강렬한 그리움을 불러일으킨다. 그러한 내면의 환멸과 동경을 스스로 주체할 수 없을 때 새로운 세계로의 탈출도 생각할 수 있을 것이다.

소수림왕과 광개토대왕

  백석은 만주로 떠나기 전 평안북도 영변군 팔원면에서 북신
현면에 이르는 지역을 여행하고, 그 기행 인상을 시로 써 「조선
일보(1939. 11. 8~11. 11)」에 '서행시초'라는 네 편의 연작시를 발
표했다. 그 중의 한 편이 '북신'이다.

      거리에서는 모밀내가 났다
      부처를 위하는 정갈한 노친네의 내음새 같은 모밀내가 났다

      어쩐지 향산(香山) 부처님이 가까웁다는 거린데
      국숫집에서는 농짝 같은 도야지를 잡아 걸고 국수에 치는
      도야지고기는 돗바늘 같은 털이 드문드문 백였다
        나는 이 털도 안 뽑은 도야지고기를 물끄러미 바라보며
        또 털도 안 뽑는 고기를 시끼면 맨모밀국수에 얹어서 한입
      에 꿀꺽 삼키는 사람들을 바라보며
        나는 문득 가슴에 뜨끈한 것을 느끼며
        소수림왕을 생각한다 광개토대왕을 생각한다
                          - '북신_서행시초 2' 전문

  제목 '북신'은 평안북도 영변군(현재의 향산군)에 있는 지명으
로 묘향산으로 가는 길목에 해당한다. '향산 부처님'은 당시 한
국 5대 사찰의 하나로 꼽히던 보현사 대웅전의 불상을 의미한

다. 묘향산 입구 양쪽 십리에는 국숫집이 즐비하게 늘어서서 장관을 이루었다고 한다. 묘향산 초입에 들어서자 즐비하게 늘어선 국숫집에서 메밀 삶는 냄새가 난다. 시인은 늘 그래왔던 것처럼 우선 국수집의 음식 냄새에 관심을 갖는데 그 냄새를 '부처를 위하는 정갈한 노친네의 내음새'라고 표현했다. 이 표현은 음미할수록 예사롭지 않다. 퀴퀴한 메밀 냄새를 정갈한 노인의 냄새로 비유한 것이라든가 굳이 부처를 위하는 노인이라고 수식을 가한 데에는 국수의 냄새를 통해 정신적 가치를 표상하려는 의도가 내포되어 있다.

이어서 시인은 털도 안 뽑은 돼지고기를 '시꺼먼 맨모밀국수에 얹어서 한입에 꿀꺽 삼키는 사람들을 바라보며' 말할 수 없는 감동을 느낀다. 산골 사람들의 야성적 생명력에서 감동을 받은 것이다. 이 모습은 근대사회의 도시인에게서는 찾아볼 수 없는 장면이다. 시인은 이 장면에서 소수림왕과 광개토대왕을 생각한다고 진술했다. 고구려의 국기를 강건히 하여 민족정기를 드높이려했던 역사적 영웅과 국수를 먹는 산골 사람들의 생활세계를 연결하는 정신의 모험을 감행하는 것이다. 백석이 민족과 역사에 깊은 관심을 기울였음을 알려주는 사례다.

'북신'을 기점으로 해 백석의 시는 역사나 민족의 심성에 대한 집중적인 관심을 보여준다. 이후 그의 시들은 주로 마음의 영역 속에서 상황의 비극성을 극복하려는 자세를 보인다. '허준(「문장」, 1940. 11)' 같은 시에서는 모든 것을 다 잃어 버려도 넋하나를 견지하는 정신의 자세가 오히려 귀중하다는 생각이 나

타난다. 이러한 생각은 일제강점기 상실과 수탈의 시대에 그 시
련을 견뎌낼 수 있는 정신의 기틀을 마련해 준다는 점에서 적
지 않은 의의를 지닌다. 혼의 지속이야말로 상실을 충만으로 전
환시키고 시련의 시대에도 미래를 향한 지속적인 희망을 갖게
하는 근거가 되기 때문이다. '두보나 이백같이(「인문평론」, 1941.
4)'도 중국인들이 그들의 명절에 대대로 내려오는 전통음식을
먹듯 자신도 조상들로부터 이어오는 떡국을 먹을 것이며 먼 훗
날의 자손들도 이 음식을 먹을 것이라고 노래하여 역사적 시각
을 놓치지 않고 있다. 국가 상실과 역사 상실의 시대에도 음식
문화의 연맥은 사라지지 않는다는 점을 암시하고 있다.

물론 이 시들이 모든 것을 마음의 차원에서 처리하고자 했
다는 점을 한계로 지적할 수 있다. 고향 상실, 더 나아가 국가
상실이 마음의 문제가 아니라 목전의 절박한 현실일 터인데 이
시들은 현실의 문제도 마음의 영역 속에서 해결하려 했다. 이
러한 한계 때문에 그의 시는 현실의 변혁을 도모한다거나 훼손
된 현실세계의 원인을 탐색해 그 모순을 타개하려는 능동적 자
세는 보여줄 수 없었다. 그러나 식민지의 유약하고 섬세한 시인
에게 너무 많은 것을 요구하는 것은 지나친 일이다. 민족 문화
와 민족 역사의 근간이 유린당하는 그 절박한 상황 속에서, 그
상황에 함몰되지 않고 문화와 역사와 민족의 유구함을 추구한
백석은 바로 그 점만으로도 여타의 시인과 구별되는 차별성을
지닌다. 이 시기에 발표한 위의 시들은 자각적이고 의식적인 정
신의 소산이다. 그러므로 이 단계의 시들이 『사슴』의 시편보다

훨씬 윗길에 오르며 더욱 뚜렷한 정신사적 가치를 지니게 된다.

상실의 극점

그는 만주의 신경으로 이주해 구시가(舊市街) 동삼마로(東三馬路) 시영주택 35번지에 거처를 마련하고 본격적인 만주생활을 시작했다. 만주 이주 후에도 그의 시는 민족의 심성에 대한 집중적인 관심을 보여준다. 이 시들은 특히 시인의 심리적 변화 상태를 많이 드러내는데, 그중에서도 북방 지역 만주로 이주해 간 백석의 내면 풍경을 가장 잘 보여주는 작품이 '북방에서_정현웅에게(「문장」, 1940. 7)'다.

아득한 옛날에 나는 떠났다
부여를 숙신을 발해를 여진을 요(遼)를 금(金)을,
흥안령(興安嶺)을 음산(陰山)을 아무르를 숭가리를.
범과 사슴과 너구리를 배반하고
송어와 메기와 개구리를 속이고 나는 떠났다.

나는 그때
자작나무와 이깔나무의 슬퍼하던 것을 기억한다
갈대와 장풍의 붙들던 말도 잊지 않았다
오로촌이 멧돝을 잡아 나를 잔치해 보내던 것도
쏠론이 십릿길을 따라 나와 울던 것도 잊지 않았다.

나는 그때

아무 이기지 못할 슬픔도 시름도 없이

다만 게을리 먼 앞대로 떠나 나왔다

그리하여 따사한 햇귀에서 하이얀 옷을 입고 매끄러운 밥
을 먹고 단샘을 마시고 낮잠을 잤다

밤에는 먼 개소리에 놀라 나고

아침에는 지나가는 사람마다에게 절을 하면서도

나는 나의 부끄러움을 알지 못했다.

그동안 돌비는 깨어지고 많은 은금보화는 땅에 묻히고 까
마귀도 긴 족보를 이루었는데

이리하여 또 한 아득한 새 옛날이 비롯하는 때

이제는 참으로 이기지 못할 슬픔과 시름에 쫓겨

나는 나의 옛 하늘로 땅으로—나의 태반으로 돌아왔으나

이미 해는 늙고 달은 파리하고 바람은 미치고 보래구름만
혼자 넋 없이 떠도는데

아, 나의 조상은 형제는 일가친척은 정다운 이웃은 그리운
것은 사랑하는 것은 우러르는 것은 나의 자랑은 나의 힘은 없
다 바람과 물과 세월과 같이 지나가고 없다.

- '북방에서_정현웅에게' 전문

이 시기에 발표한 작품들은 대개 행과 연의 길이가 길고 백석 특유의 열거와 대구의 기법이 기능적 역할을 뚜렷이 수행하고 있다. 이 시의 1연에서 부여와 숙신이 짝을 이루고 발해와 여진, 요와 금이 각각 짝을 이룬다. 그리고 다음 행에서는 '흥안령-음산'과 '아무르-숭가리'가 짝을 이루고 '범-사슴-너구리'와 '송어-메기-개구리'가 짝을 이룬다. 이처럼 대구와 열거가 결합되어 독특한 운율감을 조성하고, 시 전체의 분위기를 고조시키면서 감정의 절정 부분으로 시상을 이끌어 간다.

1연에 열거된 지명은 화자가 거쳐 간 공간의 궤적을 역사적 관점에서 제시한 것이다. '부여'와 '숙신'은 기원전부터 만주 지역에 있었던 국가와 부족의 이름이고, '발해'와 '여진'은 기원 후 나타난 국가와 부족의 이름이다. 발해는 고구려 유민이 세운 나라이므로 '부여'와 관련이 있고, '여진'은 송나라 때 '숙신'의 후예인 '말갈'을 일컫던 명칭이기 때문에 '숙신'과 관련이 있다. 발해를 멸망시킨 거란족이 세운 나라가 '요'고, 숙신의 후예인 여진족이 세운 나라가 '금'이다. '흥안령'과 '음산'은 산 이름이고, '아무르'와 '숭가리'는 강 이름이다. 2연에는 북만주 지역에 거주했던 옛 종족의 이름을 열거했다. 이런 세부적인 사실을 제대로 파악하면 백석이 상당히 정확한 역사적 지식을 가지고 이 부분을 구성했음을 알게 된다.

여기에는 개인의 공간적 이주 체험을 역사적 사실과 연결 지으려는 시인의 의도가 담겨 있다. 요컨대 만주와 한반도를 중심으로 한 민족의 이동을 역사적 관점에서 말하려 하는 것이다.

1, 2연에서 알 수 있는 내용은 자신이 떠날 때 많은 소중한 것들을 포기하거나 배반하고 떠났다는 것, 보내는 쪽에서도 상당한 아픔이 있었을 터인데 그것을 외면할 수밖에 없었다는 것 등이다.

이 시의 중요한 내용은 3연과 4연에 제시되어 있다. 화자는 아무런 슬픔도 시름도 없이 한가한 마음으로 유랑을 시작했고, 떠난 다음의 생활도 담담하고 편안했음을 서술하고 있다. 그런데 이렇게 유랑의 생활을 지속하면서도 그것에 대해 아무런 부끄러움도 느끼지 않았다는 사실을 반성적 시각에서 바라보기 시작한다. 그래서 '나는 나의 부끄러움을 알지 못했다'고 고백한다. 이제 자신의 유랑이 그렇게 떳떳한 일이 아니며 소중한 많은 것을 저버린 일이었다는 사실을 자각하고 그것을 '부끄러움'으로 인식하고 있음을 말한 것이다. 유랑을 부끄러움으로 인식하게 됐으니 그의 내면에는 '참으로 이기지 못할' 회한의 아픔이 밀려들게 되고, 이제 그는 떠난 곳으로 돌아오지 않을 수 없다. 여기서 그의 회귀가 시작된다. 그가 떠나온 곳, 그의 '태반'으로 돌아오는 것이 그의 부끄러움과 슬픔과 시름을 지울 수 있는 유일한 방책이다.

그러나 이미 무량한 세월이 유랑의 시간 속에 흘러가 버렸다. 과거의 역사적·지리적 실체는 바람 부는 세월 따라 사라지고 병들고 지친 풍경만이 펼쳐져 있을 뿐이다. 자기를 붙잡던 소중한 대상, 자신의 애모의 대상, 존경의 대상도 사라졌고, 자신의 희망도 용기도 의욕도 사라졌다. 말하자면 그의 삶의 근

정현웅이 백석의 동화 시집에
그린 소묘

거, 태반 자체가 상실되고 만 것이다. 여기서 화자는 형언할 수 없는 상실감에 사로잡혀 비탄의 심정을 그대로 토로한다. '해는 늙고 달은 파리하고 바람은 미치고 보래구름만 혼자 넋 없이 떠도는' 상황은 참으로 처절하다. 이러한 처절한 상실감은 어디서 비롯된 것일까?

역사적 지식의 축적을 바탕으로 웅혼한 시상을 야심적으로 전개한 작품이니 여기 그의 진심이 담겨 있을 것이다. 모든 중요한 대상이 사라진 극도의 상실감을 그대로 전하고 싶었을 것이다. 백석은 한민족의 역사적 이동의 발원지인 만주 지역으로 왔으나 우리 민족의 자취는 전혀 찾을 수 없게 된 허탈감을 개인적 상실감의 차원에서 토로했다. 민족의 자취가 다 사라졌듯 자신도 모든 것을 잃은 상태로, 아무 것도 없는 상태로 이곳에 서 있다는 사실을 털어놓았다. 이 작품의 부제는 '정현웅에게'이다. 정현웅은 「문장」지에 자신의 얼굴을 소묘하고 소개의 글을 썼던 화가다. 정현웅은 해방 후 월북해 북한에서 백석과 같이 활동하면서 1957년에 백석이 낸 동화 시집 『집게네 네 형제』에 백석의 얼굴 소묘를 그리기도 했다. 백석은 자신의 얼굴을 그려준 사람을 매개자로 설정해 자신의 진심을 알아줄 누군가에게 처절한 상실감을 전하고자 했다.

이 상실감의 반대편에 놓인 작품이 '귀농(「조광」, 1941. 4)'이다. 이 시의 화자는 중국인 지주에게 땅을 얻어 여유 있게 농사를 지으며 평화롭게 살아갈 생각에 들떠 있다. 그러나 이것은 그야말로 그의 꿈을 나타낸 것이라고 보아야 옳다. 내면적 순수성이 이미 훼손되어 버린 상황에 이와 같은 평화의 공간이 어떻게 존재할 수 있겠는가? 이것은 그의 순수한 소망의 표현이다. 그는 여러 편의 시에서 약자의 불우한 처지에 마음 아파하며 평화로운 삶에 대한 소망을 노래했다. 그러한 소망과 염원은 자기 자신을 위한 것이기도 하다. 좌절의 나락에서 갈매나무를 떠올리듯 그는 상실의 극점에서 전원생활의 평화로움을 상상한 것이다.

높고 맑은 정신

평화로운 삶의 추구

백석은 단순히 대상을 관찰하거나 풍물을 보여주지 않고 자신이 추구하는 정신의 세계를 나타내기 위해 노력했다. 그 는 여러 시편에서 높고 맑은 정신의 단면을 보여주려 했다. 만주 거주기에 발표한 '허준(許俊)'을 보면 백석이 생각하는 고결한 정신의 세계가 어떤 것인지 짐작해 볼 수 있다. 이 시의 제목으로 제시된 허준은 평북 용천 출생의 소설가로 백석과는 형제처럼 가까이 지내며 돈독한 우의를 나눈 사람이다. 백석이 만주로 이주한 다음에는 허준도 만주로 옮겨 생활할 정도로 절친했다.

그 맑고 거룩한 눈물의 나라에서 온 사람이여
그 따사하고 살뜰한 볕살의 나라에서 온 사람이여

눈물의 또 볕살의 나라에서 당신은
이 세상에 나들이를 온 것이다
쓸쓸한 나들이를 다니러 온 것이다

눈물의 또 볕살의 나라 사람이여
당신이 그 긴 허리를 굽히고 뒷짐을 지고 지치운 다리로
싸움과 흥정으로 왁자지껄하는 거리를 지날 때든가
추운 겨울밤 병들어 누운 가난한 동무의 머리맡에 앉아
말없이 무릎 위 어린 고양이의 등만 쓰다듬는 때든가
당신의 그 고요한 가슴 안에 온순한 눈가에
당신네 나라의 맑은 하늘이 떠오를 것이고
당신의 그 푸른 이마에 삐여진 어깻죽지에
당신네 나라의 따사한 바람결이 스치고 갈 것이다

높은 산도 높은 꼭대기에 있는 듯한
아니면 깊은 물도 깊은 밑바닥에 있는 듯한 당신네 나라의
하늘은 얼마나 맑고 높을 것인가
바람은 얼마나 따사하고 향기로울 것인가
그리고 이 하늘 아래 바람결 속에 퍼진
그 풍속은 인정은 그리고 그 말은 얼마나 좋고 아름다울 것

인가

　　다만 한 사람 목이 긴 시인은 안다
　　'도스토이에프스키'며 '조이스'며 누구보다도 잘 알고 일등
가는 소설도 쓰지만
　　아무 것도 모르는 듯이 어드근한 방안에 굴러 게으르는 것
을 좋아하는 그 풍속을
　　사랑하는 어린것에게 엿 한 가락을 아끼고 위하는 아내에
겐 해진 옷을 입히면서도
　　마음이 가난한 낯설은 사람에게 수백 냥 돈을 거저 주는 그
인정을 그리고 또 그 말을
　　사람은 모든 것을 다 잃어버리고 넋 하나를 얻는다는 크나
큰 그 말을

　　그 멀은 눈물의 또 볕살의 나라에서
　　이 세상에 나들이를 온 사람이여
　　이 목이 긴 시인이 또 게사니처럼 떠곤다고
　　당신은 쓸쓸히 웃으며 바둑판을 당기는구려

- '허준' 전문

　　백석은 서두에서 허준을 '맑고 거룩한 눈물의 나라' '따사하
고 살뜰한 볕살의 나라'에서 온 사람이라고 말했다. 그는 자신
이 가치 있게 생각하는 상태를 두 가지 형상으로 나타냈다. 그

것은 '맑은 눈물'과 '따스한 햇살'이다. 맑은 눈물은 순결하고 어진 성품을 뜻하며, 따스한 햇살은 온화함과 평화로움을 의미한다. 그의 벗 허준이 순결하고 평화로운 세계에서 나들이를 왔다고 하는 것은 곧 허준의 내면이 어질고 온화하다는 것을 뜻하며 시인 자신이 추구하는 세계도 바로 그러한 것임을 알려 준다.

2연에서는 허준이 그 아름다운 나라에서 이 세상에 잠시 나들이를 온 것이라고 했다. 이것은 그 당시 허준과 백석의 삶이 그렇게 만족스럽지 않았음을 암시한다. 백석은 스스로를 '병들어 누운 가난한 동무'라고 표현했고, 허준은 긴 허리를 굽히고 지친 다리를 끌며 '싸움과 흥정으로 왁자지껄하는 거리'를 지난다고 했다. 그러나 허준은 부정적 현실 속에서도 그 순수하고 온화한 마음을 조금도 바꾸지 않는다. 그리고 백석 역시 평화로운 세계에 대한 지향을 포기하지 않는다.

이들이 바라는 평화로운 세계는 그렇게 쉽게 도달될 수 있는 것이 아니다. 그 세계는 높은 산의 꼭대기나 깊은 물의 밑바닥처럼 세속의 경역을 벗어난 신비로운 지평에 자리 잡고 있다. 시인은 그 평화로운 세계의 '풍속과 인정과 말'이 지극히 아름다울 것이라고 이야기하며, 그 구체적인 사례를 5연에서 하나씩 제시한다. 일급의 소설을 깊이 이해할뿐더러 그러한 소설을 실제로 쓰는 재능을 갖추었으면서도 아무 것도 모르는 듯 무심히 지내는 그 '풍속'과 가까운 사람에게는 무심하면서도 마음이 가난한 사람에게는 많은 것을 베풀어 주는 그 '인정'과

'사람은 모든 것을 다 잃어버리고 넋 하나를 얻는다'는 그 '말'의 가치를 백석 자신이 충분히 이해하고 있음을 밝힌다.

그 중 가장 중요한 것은 역시 '말'의 내용이다. 이 말은 우리들이 사용하는 언어가 아니라 그 말에 담긴 뜻을 지칭한다. 그러니까 말 속에 담긴 생각, 즉 정신을 의미하는 것이다. '사람은 모든 것을 잃어버리고 넋 하나를 얻는다'는 말의 진정한 의미는 무엇일까? 앞에서 본 '여우난골족'의 경우로 말하면, 고향을 떠나 홀로 거친 세상을 살아가면서도 평화롭고 천진한 어린 날의 기억을 그대로 간직하고 그 화해의 정신을 유지하고 있다면 그것이 바로 넋 하나를 얻는 것이라 생각할 수 있다. 혹은 '목구'나 '국수'의 경우로 말하면 모든 것이 바뀌어도 제사 때마다 목구를 계속 사용하는 한, 혹은 우리의 밥상에서 국수라는 음식이 사라지지 않는 한, 우리 민족의 마음은 엄연히 지속될 것이라는 생각을 뜻한다고 볼 수 있다. 요컨대 이 시행은 사람이 어떤 상실의 극점에 서더라도 자신의 정신을 올바로 유지한다면 그것은 어떤 형태로든 면면히 이어진다는 사실을 말한 것이다. 개개의 사람만이 아니라 민족의 넋도 그러하다는 말을 백석은 하고 싶었을 것이다. 이렇게 심중한 의미를 담은 말을 긴 시의 끝 부분에 남기고 백석은 시를 마무리 지었다.

이 시에서 백석이 지향한 것은 '풍속과 인정과 말이 어우러진 평화로운 삶의 복원'이다. 그러한 정신의 지향이 '여우난골족'에서는 평화로운 삶의 공간을 통해 암시되었고, '허준'에서는 한 인물의 태도와 정신에 의해 명시되었다. 그 정신은 '사람은 모든 것을 잃어버리고 넋 하나를 얻는다'는 말로 집약된다.

하늘이 사랑하는 시인

백석은 그가 추구하는 높고 맑은 정신을 다른 사람의 시집을 평가하는 데에도 기준으로 삼았다. 그것은 강소천(姜小泉)의 동시 '호박꽃초롱'에 부친 서시의 내용에서 확인된다. 강소천은 백석이 영생고보 영어 교사로 있을 때 가르쳤던 제자다. 그는 함경남도 고원(高原) 출생으로 영생고보를 졸업하고 1930년부터 동시를 쓰기 시작해 1941년 첫 동시집 『호박꽃초롱』을 간행하게 되었다. 시단의 중진으로 활동하고 있는 스승 백석에게 서시를 부탁했고, 백석은 동시의 분위기에 맞는 서시를 써준 것이다. 이 시에는 백석의 시에 대한 생각과 동시를 이해하는 자세, 제자 시인에 대한 애정이 조화롭게 결합되어 있다. 백석은 형식적인 축시를 넘어선 서정의 명편을 지어 제자에게 주었고, 제자는 그 작품을 시집의 권두에 실어 기념했다.

백석의 제자
아동문학가 강소천

93

하늘은

울파주 가에 우는 병아리를 사랑한다.

우물 돌 아래 우는 도루래를 사랑한다.

그리고 또

버드나무 밑 당나귀 소리를 입내 내는 시인을 사랑한다.

하늘은

풀 그늘 밑에 삿갓 쓰고 사는 버섯을 사랑한다.

모래 속에 문 잠그고 사는 조개를 사랑한다.

그리고 또

두툼한 초가지붕 밑에 호박꽃 초롱 혀고 사는 시인을 사랑
한다.

하늘은

공중에 떠도는 흰 구름을 사랑한다.

골짜구니로 숨어 흐르는 개울물을 사랑한다.

그리고 또

아늑하고 고요한 시골 거리에서 쟁글쟁글 햇볕만 바라는 시
인을 사랑한다.

하늘은

이러한 시인이 우리들 속에 있는 것을 더욱 사랑하는데

이러한 시인이 누구인 것을 세상은 몰라도 좋으나

그러나

그 이름이 강소천인 것을 송아지와 꿀벌은 알을 것이다.

- 『호박꽃초롱』 서시' 전문

이 시에 언급된 백석의 시인관은 강소천에 국한된 것이 아니다. 사실은 자신의 시에 대한 인식을 드러낸 것이자 시인 일반에 대한 원론적 관점을 제시한 것이다. 하늘은 울타리 가에 있는 병아리나 우물 돌 아래 우는 곤충처럼 미미하고 연약한 존재를 사랑하며 동시에 시인을 사랑한다. 시인은 버드나무 밑의 당나귀 소리를 흉내 내는 존재로 그려져 있다. 당나귀는 백석이 좋아하는 대상으로 몇 번 거론했던 동물이고, 버드나무는 바로 백석의 시 '수박씨, 호박씨'에 나왔던 도연명의 고향집에서 있던 나무다. 요컨대 현실의 번잡스러움을 떠나 한가한 버드나무 밑에서 순한 소리를 내며 자연과 동화되어 사는 존재가 바로 시인이라는 것이다.

버섯은 꼴뚜기처럼 어진 마음으로 갓을 쓰고 사는 존재고, 조개는 세상과의 소통을 거부하고 모래 속에 문을 잠그고 사는 존재다. 하늘은 번잡한 현실과 거리를 두고 자신의 고운 마음을 지키는 존재를 사랑한다. 시집의 제목이 『호박꽃초롱』이니 그것을 끌어들여 초가지붕 밑에서 호박꽃 초롱을 켜고 사는 강소천을 하늘이 사랑한다고 말했다. 여기서 초가지붕을 '두툼한' 모양으로 비유한 것이 이채롭다. 초가지붕은 실제로 두툼한 편인데 그것을 '두툼한'이라고 호명하자 후덕하고 정겨운 정경이 떠오르면서 도탑고 따스한 마음으로 낭만적인 호박 꽃 초롱을 밝히고 사는 시인의 순수한 모습이 겹쳐진다.

하늘은 현실과 거리를 두고 아늑하고 고요한 시골에서 환한 햇볕만 바라고 사는 시인의 모습을 사랑한다. 여기에는 현실과 거리를 두지만 맑고 따뜻한 삶까지 포기하는 것은 아니라는 의미가 담겨 있다. 그 다음 마지막 연에서 백석은 참으로 아름다운 이야기를 들려준다. 하늘은 이러한 속성을 가진 시인이 '우리들 속에 있는 것을' 더욱 사랑한다고 했다. 이 말은 정신적으로 현실과 거리를 둔 시인이 우리 주위에 존재함으로써 우리들의 삶이 더욱 고결해진다는 뜻이다. 간접적인 방식으로 시인의 존재 이유를 언급한 것이다. 그러한 고결한 시인의 하나가 강소천이라는 것을 세상은 몰라도 좋지만 송아지와 꿀벌은 알고 있을 것이라고 시를 끝맺었다. 이 종결부 역시 시적이다. 타락한 세상에서 순수한 존재들끼리 서로를 알아보고 사랑할 수 있다면 그것으로 만족한다는 시인의 화평한 마음이 담겨 있다.

맑고 참된 마음

1941년 4월 「문장」 폐간호에 백석은 '국수' '촌에서 온 아이' '흰 바람벽이 있어' 세 편의 시를 한꺼번에 발표했다. '촌에서 온 아이'는 시골에서 도시로 올라온 아이가 큰 소리로 우는 모양을 보고 연민과 동정의 느낌을 표현한 작품이다. 백석의 약자에 대한 연민은 '여승' '수라' '노루' '팔원' 등의 시에 이미 표출된 바 있다. 백석이 관심을 보인 '촌에서 온 아이'는 얼굴은 땟물에 검게 얼룩져 있고, 추운 날씨인데도 아래는 발가벗은 채 위에만 두렁이 같은 옷을 걸치고 있다. 겉모습으로 볼 때 돌보는 사람이 없는 것 같은 이 아이에게 화자는 연민을 느끼면서도 한편으로는 미묘한 신뢰의 눈길을 보낸다.

그러면 이 아이에게 화자가 관심과 애정을 갖게 된 이유는 무엇인가? 그것은 이 아이의 우는 모습이 독특했기 때문이다. 다른 아이들은 모두들 '욕심 사납게 지게궂게(심술궂게)' 일부러 목청을 높여서 큰 소리로 자신의 나약함을 과장해서 우는데, 이 아이는 유독 '삼가면서 우는' 모습을 보였다. 이렇게 스스로 삼가며 우는 그 절제의 자세를 화자는 대견스럽게 보았다. 그래서 이 아이가 우는 것도 분명 어떤 거짓된 것에 놀라서 '네 맑고 참된 마음에 분해서' 운다고 판단했다. 이것은 물론 시인의 주관적 판단이지만, 도시의 비겁하고 연약한 아이와는 다른 내면의 강인함에 호감을 느끼고 적극적인 공감을 표시한 것이다.

이런 저런 생각 끝에 백석은 이 아이가 '하늘이 사랑하는 시인이나 농사꾼'이 될 것이라는 말로 시를 종결지었다. 백석은 이 아이를 자신과 동일화한 것이다. '무엇이 분해서 우는 아이'는 결국 자신의 분신이다. 거짓되고 속된 세상을 '맑고 참된 마음'을 지니고 살아간다는 사실이 분했던 것일까? 그래서 아이처럼 웅숭깊고 쉰 목소리로 한바탕 울고 싶었던 것일까? 고고

한 자존의 의지를 표명하면서도 그의 내면에는 좌절의 슬픔이 있었던 것 같다.

외롭고 높고 쓸쓸한

'촌에서 온 아이'가 자신이 관찰한 대상으로 소재로 삼은 데 비해 '흰 바람벽이 있어'는 시인 자신을 소재로 하여 내면의 모습을 숨기지 않고 드러내고 있어서 시인의 처지를 이해하는 데 도움이 된다.

오늘 저녁 이 좁다란 방의 흰 바람벽에
어쩐지 쓸쓸한 것만이 오고 간다
이 흰 바람벽에
희미한 십오 촉 전등이 지치운 불빛을 내어던지고
때 글은 다 낡은 무명셔츠가 어두운 그림자를 쉬이고
그리고 또 달디단 따끈한 감주나 한잔 먹고 싶다고 생각하
는 내 가지가지 외로운 생각이 헤매인다
그런데 이것은 또 어인 일인가
이 흰 바람벽에
내 가난한 늙은 어머니가 있다
내 가난한 늙은 어머니가
이렇게 시퍼러둥둥하니 추운 날인데 차디찬 물에 손을 담
그고 무이며 배추를 씻고 있다

또 내 사랑하는 사람이 있다

내 사랑하는 어여쁜 사람이

어느 먼 앞대 조용한 개포가의 나지막한 집에서

그의 지아비와 마주 앉아 대굿국을 끓여 놓고 저녁을 먹는다

벌써 어린것도 생겨서 옆에 끼고 저녁을 먹는다

그런데 또 이즈막하여 어느 사이엔가

이 흰 바람벽엔

내 쓸쓸한 얼굴을 쳐다보며

이러한 글자들이 지나간다

—나는 이 세상에서 가난하고 외롭고 높고 쓸쓸하니 살아가도록 태어났다

그리고 이 세상을 살아가는데

—내 가슴은 너무도 많이 뜨거운 것으로 호젓한 것으로 사랑으로 슬픔으로 가득찬다

그리고 이번에는 나를 위로하는 듯이 나를 울력하는 듯이

눈질을 하며 주먹질을 하며 이런 글자들이 지나간다

—하늘이 이 세상을 내일 적에 그가 가장 귀해하고 사랑하는 것들은 모두

—가난하고 외롭고 높고 쓸쓸하니 그리고 언제나 넘치는 사랑과 슬픔 속에 살도록 만드신 것이다

—초생달과 바구지꽃과 짝새와 당나귀가 그러하듯이

—그리고 또 '프랑시스 잠'과 도연명과 '라이너 마리아 릴케'

가 그러하듯이

– '흰 바람벽이 있어' 전문

　작품의 서두에 나오는 '좁다란 방의 흰 바람벽'이라는 말은 상징적이다. '좁다란 방'은 자신의 거처가 좁고 누추한 상태임을 나타내고, '흰 바람벽'은 그렇게 누추한 살림 속에서도 내면의 정결성은 유지하고 있음을 암시한다. 마치 극장의 영사막과도 같은 흰 바람벽에 화자의 내면에 명멸하는 여러 가지 추억과 회한의 장면들이 투사된다. 화자는 '쓸쓸한 것만이 오고 간다'고 하여 자신의 삶의 숙명적 외로움을 단적으로 드러낸다. '희미한 15촉 전등' '지친 불빛' '때 묻은 낡은 무명셔츠' '어두운 그림자' 등은 화자의 가난한 생활상과 음울한 내면, 지친 육신의 피로감 등을 다각적으로 조명한다. 이런 상황에서 화자는 달고 따끈한 감주나 한잔 먹고 싶다는 지극히 소박한 희망을 피력한다. 그러나 그러한 희망과는 달리 피할 수 없는 운명의 영사막 같은 흰 바람벽에는 쓸쓸하고 애처로운 삶의 단면이 투영된다.

　제일 처음에 등장하는 인물은 '가난한 늙은 어머니'이다. 화자는 '늙은 어머니' 앞에 굳이 '가난한'이라는 수식어를 집어넣었다. 백석이 자신의 처지와 더불어 어머니의 삶까지 가난한 것으로 인식했다는 사실이 중요하다. '촌에서 온 아이'에서 우는 아이에게 연민을 느낀 일차적 이유는 바로 가난 때문이었다. 일제강점기 조선 땅에서 사는 대부분의 한국인, 또 만주에 이주해 사는 대부분의 한국인이 거의 예외 없이 가난한 삶을 살고 있다고 시인 백석은 생각했다. 이것은 일제의 식민 지배하에 있다는 의식에서 온 것으로 경제적 가난보다 마음의 가난에 속하는 것이다. 하루의 일과를 끝내고 일용할 양식을 얻고 방 안에 편안히 쉬고 있어도 마음은 왠지 모르게 허전하고 서럽고 가난하다. 그런데 가난한 늙은 어머니가 살갗이 퍼레지도록 추운 겨울날 차디찬 물에 손을 담고 무와 배추를 씻고 있는 영상이 떠오른 것이다.

어머니의 모습 다음에 등장한 것은 '내 사랑하는 어여쁜 사람'이다. 이 사람은 누구일까? 백석의 회한 어린 그리움의 대상으로 등장하는 것은 '먼 앞대 조용한 개포가의 나지막한 집'에서 대굿국을 먹는 박경련의 영상이다. '앞대'란 남쪽을 가리키는 말로 쓰는 것이니 남쪽 개포가라면 경남 통영을 암시하는 것이고, '통영'이라는 시에 '아이만한 대구'가 등장한 적이 있다. 그 여인은 어린아이도 생겨서 지아비와 마주 앉아 대굿국을 끓여 저녁을 먹고 있다. 몇 년의 세월이 흘렀는데도 백석의 마음에는 순연한 그리움이 이어지고 있는 것이다.

어머니와 한 여인의 모습 다음에 자신의 마음에 담아둔 생각이 글자의 형상으로 바람벽에 투영된다. 그 요지는 삼단논법의 형식을 취한다. 즉, 나는 세상에서 가난하고 외롭고 높고 쓸쓸하게 살아가도록 태어났고, 그래서 넘치는 사랑과 슬픔으로 살아간다. 하늘이 가장 귀여워하고 사랑하는 것은 모두 가난하고 외롭고 높고 쓸쓸하게 살도록 만들었다. 그러니 나는 하늘이 가장 귀여워하고 사랑하는 존재다. 이 삼단논법의 결론은 시에 직접 제시되지 않았다. 그러나 화자는 그런 내적인 묵계 속에 자신의 발언을 하고 있고, 이를 자신의 삶의 동력으로 삼는다. 그것은 자신의 처지를 수식하는 부분에 '높고'라는 말이 들어간 것에서도 확인되며 사랑과 슬픔을 동일화하는 데서도 드러난다. 이 황폐한 세상에서 사랑을 실천하는 사람은 외롭고 슬플 수밖에 없고, 외롭고 슬프지만 '높은' 자리에 놓이게 된다는 믿음을 그는 가지고 있다. 스스로 높다는 자존의 의식이 고독하고 가혹한 삶 속에서 그를 지켜준 동력이 되었다.

백석은 그러한 삶을 살아가는 존재가 자기 혼자만이 아니라는 뜻에서 자신과 유사한 대상의 이름을 열거한다. 그것은 초승달, 박꽃, 짝새, 당나귀, 프랑시스 잠, 도연명, 라이너 마리아 릴케 등이다. 백석의 시에 여러 번 나왔던 초승달, 박꽃, 짝새, 당나귀 등 네 개의 사물들은 모두 작고 약하고 순하고 애처로운 속성을 지닌다. 프랑시스 잠과 도연명, 라이너 마리아 릴케는 어떠한가? 도연명은 관직을 버리고 전원의 소박한 삶을 택한 시인이고, 프랑시스 잠 역시 전원의 소박한 삶을 즐기며 거기서 우러난 때 묻지 않은 감정을 노래한 시인이다. 평생 병약한 몸으로 고통에 시달리며 고독 속에 독특한 시 세계를 펼쳐보인 라이너 마리아 릴케 역시 '외롭고 높고 쓸쓸한' 시인의 표상이 될 만하다. 백석은 자신이 좋아하는 존재의 이름을 열거함으로써 내면적 지향을 드러냈다.

굳고 정한 갈매나무

　해방 후에 발표된 백석의 시는 전부 다섯 편이다. 이 중 '적막강산(『신천지』, 1947. 12)' '마을은 맨천 귀신이 돼서(『신세대』, 1948. 10)' '7월 백중(『문장』 속간호, 1948. 10)'은 작품 끝에 전에 간직해 두었던 원고를 시인에게 묻지 않고 내가 발표한다는 친구 허준의 설명이 붙어 있다. 그러나 '남신의주 유동 박시봉방'에는 이러한 단서가 붙어 있지 않다. 그리고 작품의 내용이나 가락도 앞의 세 작품과 상당히 다르다. '적막강산'은 산과 들에 뻐꾸기 소리, 장끼 소리, 물닭의 소리, 갈새 소리 등 여러 가지 자연의 소리가 들리지만 자신은 그 소리에 동화되지 못하고 적막강산에 홀로 있다는 외로움을 표현했다. '마을은 맨천 귀신이 돼서'는 방안이든 토방이든 부엌이든 고방이든 곳곳에 귀신이 있어서 귀신이 쫓아다니는 통에 꼼짝을 할 수가 없다고 희화적으로 표현한 독특한 작품이다. '7월 백중'은 백중날의 정겨운 풍속을 백석 특유의 열거의 어법으로 표현한 작품이다. 그러나 '남신의주 유동 박시봉방'은 이와 다른 개인적 체험을 진지하게 펼쳐내고 있다.

　'남신의주 유동 박시봉방'은 1948년 10월에 발간된 「학풍」 창간호에 게재되었다. 이 잡지는 주로 학술적인 내용의 글을 싣는 월간 종합지였다. 발행처는 을유문화사고, 편집 주간은 조풍연이 맡았다. 책 뒤의 출판부 소식란을 보면 '서정시인 백석의 백석시집이 출간된다. 밤하늘의 별처럼 많은 시인들은 과연 얼마나 이 고고한 시인에 육박할 수 있으며, 또 얼마나 능가할 수 있었더냐. 흥미 있는 일이다.'라는 구절이 있다. 이 말은 발행처인 을유문화사에서 백석의 시집을 간행하기 위해 어떤 교섭이 있었음을 암시한다. 또 조풍연이 쓴 편집 후기에 신석초와 백석의 해방 후 신작을 얻었다고 적혀 있는데, 창간호에는 백석의 작품만 실리고 신석초의 작품은 다음 호에 실렸다. 조풍연은 해방 전에 이미 「삼사문학」 동인으로 활동했고, 「문장」과 「인문평론」 등을 편집해 문인들과 교류가 있던 사람이기 때문에 어떤 경로를 통해 백석과 교섭하여 그의 시집을 내기로 했을지 모른다. 만일 백석의 친구인 소설가 허준이 지니고 있던 작품을 발표한 것이라면 편집 후기에 그 사실이 언급되었을 텐데 그런 언급은 없다. 특히 이 시가 보여주는 형식적 안정감과 유장한 호흡, 원숙한 짜임새는 그 이전의 시와는 다른 느낌을 전달한다. 따라서 이 작품은 해방 전후 백석이 참담한 나락의 극점에 섰을 때 지어 두었다가 해방 후에 발표했다고 보는 것이 타당하다. 이 작품에 유달리 쉼표가 많은 것은 편집부의 가필로 짐작되지만, 지금 그것을 바꿀 수 없으므로 이 형태 그대로 받아들일 수밖에 없다.

어느 사이에 나는 아내도 없고, 또,
아내와 같이 살던 집도 없어지고,
그리고 살뜰한 부모며 동생들과도 멀리 떨어져서,
그 어느 바람 세인 쓸쓸한 거리 끝에 헤매이었다.

바로 날도 저물어서,

바람은 더욱 세게 불고, 추위는 점점 더해 오는데,

나는 어느 목수네 집 헌 삿을 깐,

한 방에 들어서 쥔을 붙이었다.

이리하여 나는 이 습내 나는 춥고, 누긋한 방에서,

낮이나 밤이나 나는 나 혼자도 너무 많은 것같이 생각하며,

질옹배기에 북덕불이라도 담겨 오면,

이것을 안고 손을 쬐며 재 위에 뜻없이 글자를 쓰기도 하며,

또 문밖에 나가지도 않고 자리에 누워서,

머리에 손깍지베개를 하고 굴기도 하면서,

나는 내 슬픔이며 어리석음이며를 소처럼 연하여 쌔김질하는 것이었다.

내 가슴이 꽉 메어 올 적이며,

내 눈에 뜨거운 것이 핑 괴일 적이며,

또 내 스스로 화끈 낮이 붉도록 부끄러울 적이며,

나는 내 슬픔과 어리석음에 눌리어 죽을 수밖에 없는 것을 느끼는 것이었다.

그러나 잠시 뒤에 나는 고개를 들어,

허연 문창을 바라보든가 또 눈을 떠서 높은 천정을 쳐다보는 것인데,

이 때 나는 내 뜻이며 힘으로, 나를 이끌어가는 것이 힘든 일인 것을 생각하고,

이것들보다 더 크고, 높은 것이 있어서, 나를 마음대로 굴려

가는 것을 생각하는 것인데,

이렇게 하여 여러 날이 지나는 동안에,

내 어지러운 마음에는 슬픔이며, 한탄이며, 가라앉을 것은 차츰 앙금이 되어 가라앉고,

외로운 생각만이 드는 때쯤 해서는,

더러 나줏손에 쌀랑쌀랑 싸락눈이 와서 문창을 치기도 하는 때도 있는데,

나는 이런 저녁에는 화로를 더욱 다가끼며, 무릎을 꿇어 보며,

어느 먼 산 뒷옆에 바위섶에 따로 외로이 서서,

어두워 오는데 하이야니 눈을 맞을, 그 마른 잎새에는,

쌀랑쌀랑 소리도 나며 눈을 맞을,

그 드물다는 굳고 정한 갈매나무라는 나무를 생각하는 것이었다.

– '남신의주 유동 박시봉방' 전문

뜻밖에도 이 시의 첫 구절은 '어느 사이에 나는 아내도 없고, 또, / 아내와 같이 살던 집도 없어지고,'로 시작된다. 백석은 해방 후 이윤희와 결혼하기 전 문경옥이라는 여자와 결혼했으나 곧 이혼했다고 한다. 백석이 만주에 거주했던 시절, 송지영이 방문을 했을 때, 또는 제자 김희모가 방문했을 때 밥상을 들고 나온 여인이 문경옥일 수도 있다. 그러한 개인사와는 상관없이 도입부에서 정작 우리의 가슴을 때리는 것은 '어느 사이에'라는 말이다. 이 말은 화자의 가혹한 운명을 압축적으로 드

러낸다. 자신도 지각하지 못한 사이에 운명의 소용돌이에 휘말려 상실의 끝판으로 내몰린 자의 뼈저린 탄식이 이 말에 응축되어 있다. 한때는 웨이브 진 머리를 휘날리며 광화문통 네거리를 활보하던 신문사 기자였으며, 또 한때는 더블브레스트 연둣빛 양복을 젖히고 영어를 가르치던 교사였는데 어느 사이에 이런 낙척(落拓)의 떠돌이가 되었는가. 어떻게 하다가 모든 것을 잃고 자신의 몸을 누일 지상의 방 한 칸을 찾아 헤매는 가엾은 처지가 되었는가.

화자는 다가오는 추위를 피해 가까스로 누추한 방을 하나 얻어 몸을 눕힌다. 시간이 지날수록 그는 밀려드는 공허감과 무력감과 자책감에 시달린다. 슬픔과 회한이 가슴에 사무쳐 종국에는 죽음까지 떠올린다. 그 위기의 순간에 화자는 '고개를 들어, / 허연 문창을 바라보든가 또 눈을 떠서 높은 천장을 쳐다보는' 행동을 취한다. 무언가 희망이 남아 있지 않겠느냐고, 마지막 안간힘을 쓰며 문창을 바라보고 높은 천장을 쳐다보는 화자의 태도는 눈물겹다. 이것은 상실의 끝판에서 마지막 희망을 찾으려는 몸짓이다. 감당하기 힘든 자신의 삶을 운명에 귀속시키고 체념한 화자는 다시 고통을 안겨줄지 모르는 외부의 시련에 맞서 자신을 지켜줄 상징적 표상을 설정한다. 그것이 바로 '굳고 정한 갈매나무'다. '먼 산 뒷옆에 바위섶에 따로 외로이 서서' 어둠 속에 눈을 맞으면서도 의연한 자태를 유지하는 갈매나무를 통해 자신의 마음을 가다듬는 것이다.

이 시는 평이한 언어와 표현으로 인간 누구나가 겪을 수 있는 상실의 체험과 극복의 과정을 담담하게 그려냈다. 여기 담긴 감정의 추이 과정은 인간 체험의 보편성을 그대로 반영한다. 그러기에 이 시는 상실의 아픔을 지닌 사람들에게 공감을 주고 그들의 마음을 위안할 수 있었다. 이 시를 가리켜 '높은 격조를 이룬 페시미즘의 절창(유종호)' '한국시가 낳은 가장 아름다운 시의 하나(김현)'라고 평가한 이유가 바로 여기에 있다. 민족 분단에 의해 백석의 아름다운 시가 여기서 중단된 것은 참으로 안타까운 일이다.

6·25전쟁과 분단 이후 백석은 북한 국민으로 살아갔다. 아동문학에 힘을 기울여 동시와 동화 시를 썼지만 그것은 우리가 보던 백석의 시와는 사뭇 다른 것이었다. 창작의 자유가 봉쇄된 상태에서 그는 많은 러시아 작품을 번역 출판했다. 러시아

백석의 인민증에 붙어있던
말년의 사진

문학의 번역은 북한에서 어느 정도 권장되었던 것 같다. 1959년 이후 사상적 비판을 받고 삼수군의 협동농장으로 배치된 다음에는 북한의 노선과 체제를 찬양하는 내용의 시를 발표하기도 했다. 정치 체제의 압력이 그의 자유로운 정신을 제약한 것이다. 높고 맑고 참된 경지를 추구하던 그의 정신은 더 이상 언어

로 표현될 수 없었다. 통절한 상실감을 달래주던 굳고 정한 갈매나무의 표상도 볼 수 없게 되었다. 스산한 삶이 스쳐간 그의 70대의 사진, 연초록빛 더블브레스트 대신 북한 인민복을 단정히 입은 모습은 우리를 슬프게 한다. 그래도 그 주름진 얼굴에 담긴 선량한 빛은 크게 달라진 것이 없어 우리의 마음을 편안하게 한다.

참고문헌

고형진, 『백석 시 바로 읽기』, 현대문학, 2006.

고형진 엮음, 『정본 백석 시집』, 문학동네, 2007.

김윤식·김현, 『한국문학사』, 민음사, 1973.

김자야, 『내 사랑 백석』, 문학동네, 1995.

김재용, 『백석전집』, 개정증보판, 실천문학사, 2011.

박순원, 「백석 시의 시어 연구」, 고려대 박사학위논문, 2007. 8.

박용철, 「백석 시집 '사슴' 평」, 「조광」, 1936. 4, 327~330쪽.

박태일, 『한국문학의 실증과 방법』, 소명출판, 2004.

소래섭, 『백석의 맛』, 프로네시스, 2009.

송 준, 『시인 백석 1, 2, 3』, 흰당나귀, 2012.

송 준, 『백석 시 전집』, 흰당나귀, 2012.

오장환, 「백석론」, 『풍림』 5, 1937. 4, 16~19쪽.

王艶麗, 「白石의 '滿洲' 詩篇 研究 — '滿洲' 體驗을 中心으로」, 인하대
    석사논문, 2010. 8.

유종호, 『다시 읽는 한국시인』, 문학동네, 2002.

이동순, 『잃어버린 문학사의 복원과 현장』, 소명출판, 2005.

최동호 외, 『백석문학전집 1, 2』, 서정시학, 2012.

최정례, 『백석 시어의 힘』, 서정시학, 2008.

큰글자 살림지식총서 094

갈매나무의 시인, 백석

펴낸날	초판 1쇄 2013년 11월 20일
	초판 2쇄 2016년 12월 23일

지은이	이숭원
펴낸이	심만수
펴낸곳	(주)살림출판사
출판등록	1989년 11월 1일 제9-210호

주소	경기도 파주시 광인사길 30
전화	031-955-1350 팩스 031-624-1356
홈페이지	http://www.sallimbooks.com
이메일	book@sallimbooks.com

ISBN	978-89-522-2801-7 04080
	978-89-522-3549-7 04080 (세트)

※ 이 책은 큰 글자가 읽기 편한 독자들을 위해
   글자 크기 14포인트, 4×6배판으로 제작되었습니다.